영어회화가 미치도록 간절한
왕초보를 위한 실전 여행 영어

KB192764

영어회화가 미치도록 간절한
왕초보를 위한

실전 여행 영어

이윌리엄 지음

두드림미디어

프롤로그

영어를 배우는 것은 때로는 힘들고 실망스러운 여정일 수 있습니다. 하지만 그 과정에서 얻는 성취감과 새로운 세계와의 소통은 그 모든 노력을 값지게 만듭니다. 여행도 마찬가지입니다. 여행이 언제나 즐겁기만 한 것은 아니지만 우리는 그 과정에서 성장하고, 세상을 보는 눈이 넓어집니다.

여행을 좋아하는 친구가 있습니다. 그 친구는 10년째 영어 학원을 다니고 회화 레슨을 받지만, 외국인 앞에만 서면 말문이 막힌다고 합니다. 그 친구의 고민을 들으며 문득 깨달았습니다. 어쩌면 실전 영어는 토익이나 수능 영어와는 다른 차원의 것일지도 모른다는 것을요.

2년간의 세계 여행을 통해 저는 '실전 영어'의 중요성을 깨달았습니다. 교과서에서 배우는 영어와 실제 상황에서 쓰이는 영어 사이에는 큰 간극이 있고, 이 책은 그 간극을 메우기 위해 탄생했습니다. '썸남에게 은근슬쩍 데이트 신청하는 법'부터 '이해 못 했지만 분위기상 이해한 척 리액션하는 법'까지, 여러분이 실생활에서 마주할 수 있는 다양한 상황에 대비할 수 있도록 책의 내용을 구성했습니다.

이 책을 통해 여러분은 머리를 비우고 가벼운 마음으로 읽어볼 수 있는 현실적인 회화 팁과 표현들을 만나게 될 것입니다. 어쩌면 비윤리적으로 까지 느껴질 '답정너 질문' 리스트와 '게으른 사람 전용' 대화 매뉴얼도 재미있게 읽어주시기를 바랍니다.

'영어를 왜 배워야 할까?' 하는 의문이 들 때는 저의 여행 유튜브 채널 '윌리엄 여행'을 한번 찾아와주세요. 저는 여행 중 우연히 프랑스의 에마뉘엘 마크롱(Emmanuel Macron) 대통령과 대화를 나누고, 영화 '분노의 질주'에 나온 할리우드 여배우와 함께 유튜브 영상을 찍었습니다. 그리고 이 모든 것은 '영어' 덕분이었습니다. 실전에서 영어가 얼마나 많은 가능성과 기회를 열어줄 수 있는지, 꼭 저의 유튜브 채널이 아니더라도 이 책을 집어든 여러분이라면 깨닫고 계실 것입니다.

이 책은 여러분의 영어 실력이 '왕초보'에서 '자신감 넘치는 회화 고수'로 변화하는 여정을 함께하고자 합니다. 마치 여행을 떠나는 것처럼, 이 책을 통해 새로운 세상을 만나고, 더 많은 친구를 사귀고, 더 풍성한 경험을 하시기를 바랍니다.

자, 이제 첫 페이지를 넘겨볼까요?

이윌리엄

CONTENTS

프롤로그   4

Part 1

영어는 대체 어떻게 공부하면 돼요? 나만의 '꼼수' 찾기

영어 공부는 미국의 3살 아이 수준에서 시작하세요   11

첫 대화 오프닝 : 당신의 영어 첫인상을 결정하는 10초   21

이해 못할 때 어물쩍 넘어가기 : 영어 고수들의 비밀 무기   28

영어회화가 미치도록 간절하다면 : 단기간 극한의 몰입 학습법   32

아무리 노력해도 안 되는 경우 : 영어 학습의 숨겨진 함정   43

좋은 질문을 하면 실력이 는다 : 대화를 이어가는 마법의 열쇠   47

여행하는 외국인이 많이 쓰는 50문장 : 실전에서 바로 써먹기   53

게으를수록 좋다 : 효과적인 영어 학습법   62

원어민처럼 말할 필요 없다 : 나만의 영어 스타일 찾기   71

내가 영어를 0에서 다시 시작한다면 : BBC 기자의 극비 학습법   80

유튜브로 혼자 영어 공부하는 방법 : 알고리즘을 활용한 학습 전략   86

나이가 들면 영어를 배울 수 없다? : 뇌 과학이 밝힌 충격적 진실   92

그래도 안 되는 경우 : 마지막 비상 탈출구   96

Part 2

실전·여행 영어회화, 달달 외우기

공항에서 : 첫 해외여행 가기　　　　　　　　　　　　　103

기내에서 : 비행 중 필요한 영어 표현　　　　　　　　　109

호텔에서 1 : 객실 예약하기　　　　　　　　　　　　　114

호텔에서 2 : 컴플레인 하기　　　　　　　　　　　　　120

식당에서 1 : 메뉴 주문하기　　　　　　　　　　　　　126

식당에서 2 : 요구 사항 말하기　　　　　　　　　　　　133

쇼핑하기 1 : 가격 흥정의 기술　　　　　　　　　　　　141

쇼핑하기 2 : 교환, 환불 요청하기　　　　　　　　　　　150

길 묻기 1 : 관광지를 찾아갈 때　　　　　　　　　　　156

길 묻기 2 : 길을 잃었을 때　　　　　　　　　　　　　163

병원 방문하기 : 응급상황　　　　　　　　　　　　　　170

물건을 도난당했을 때　　　　　　　　　　　　　　　　178

친구 사귀기 : 문화적 차이를 넘어선 우정 쌓기　　　　185

에필로그　　　　　　　　　　　　　　　　　　　　　196

Part 1

영어는 대체 어떻게 공부하면 돼요?
나만의 '꼼수' 찾기

ABC

영어 공부는 미국의 3살 아이
수준에서 시작하세요

영어가 한마디도 안 나온다고요? 괜찮습니다. 영어를 처음 배우기 시작할 때, 어디서부터 시작하면 좋을지 모르겠고 모든 것이 막막할 수 있습니다. 미국의 3살짜리 아이들이 영어를 배우는 방법을 참고해서 기초부터 차근차근 접근하는 방법을 소개해드리겠습니다.

넷플릭스 드라마 보지 마세요

넷플릭스의 〈에밀리 인 파리〉나 BBC 드라마 〈셜록〉을 보며 영어를 배우려는 생각은 버리셔야 합니다. 특히 〈셜록〉 같은 시리즈에는 원어민들도 어려워하는 영어 표현이 다수 포함되어 있습니다. 이런 표현들을 자주 접하다 보면 좌절감이 커지고, 효능감이 줄어들어 영어 학습 효과가 오히려 떨어질 수 있습니다.

현재 단계에서는 아이가 된다는 생각으로, 아이들이 보는 프로그램을 통해 영어를 익히는 것이 훨씬 효과적입니다. 여기 몇 가지 추천하는 프로그램들을 소개합니다.

1. '뽀롱뽀롱 뽀로로' 영어 버전(Pororo, the Little Penguin)

뽀로로 다들 아시죠? 유치하다고 생각할 수 있지만 의외로 재미있고 교육적인 내용을 많이 담고 있어, 영어 학습이 처음인 사람도 기본적인 영어 표현과 단어를 자연스럽게 익힐 수 있습니다. 이 시리즈에는 어린아이들이 일상에서 자주 쓰는 표현들이 많이 포함되어 있어요. 다음과 같은 표현들은 원어민 아이들이 정말 자주 하는 말입니다.

QR코드 인식으로
mp3 파일 듣기!

예시

⑴ "Crong, be careful! The ice is slippery today. We don't want you to fall and hurt yourself."

크롱, 조심해! 오늘 얼음이 미끄러워. 넘어져서 다치지 않았으면 좋겠어.

(2) "Pororo, it's not nice to tease your friends. How would you feel if someone did that to you?"

뽀로로, 친구들을 놀리는 것은 좋지 않아. 누군가 너에게 그렇게 한다면 어떤 기분이 들까?

(3) "Eddy, your new invention is amazing! Can you explain how it works to all of us?"

에디, 네 새로운 발명품은 정말 대단해! 우리 모두에게 그것이 어떻게 작동하는지 설명해줄 수 있니?

(4) "Loopy, sharing is caring. Why don't we all take turns playing with the new toy?"

루피, 콩 한쪽도 나눠 먹는 게 좋은 거야. 새 장난감을 모두 돌아가면서 가지고 놀면 어떨까?

(5) "Petty, your cookies smell so delicious! Would you like to teach us how to bake them sometime?"

페티, 네가 만든 쿠키 냄새가 정말 좋아! 언젠가 우리에게 그 쿠키 어떻게 만드는지 가르쳐줄래?

※ 유튜브의 <Pororo English> 채널을 통해 무료로 시청할 수 있습니다.

2. 세서미 스트리트(Sesame Street)

세서미 스트리트는 전 세계적으로 유명한 어린이 프로그램입니다. 재미 있고 교육적인 내용을 담고 있어, 기본적인 영어 표현과 단어를 자연스럽게 익힐 수 있죠. 다음의 표현들은 원어민들이 대화할 때 기본적으로 정말 많이 쓰는 표현입니다.

QR코드 인식으로
mp3 파일 듣기!

예시

(1) "Can you count to 10 with me?"

나와 함께 10까지 세어볼까요?

(2) "Cookie Monster loves cookies, but he's learning to eat fruits and vegetables too."

쿠키 몬스터는 쿠키를 좋아하지만, 과일과 채소도 먹는 법을 배우고 있어요.

(3) "Elmo wants to know more about your family. Can you tell Elmo about your family?"

엘모는 당신의 가족에 대해 더 알고 싶어 해요. 엘모에게 당신의 가족에 대해 말해줄 수 있나요?

(4) "Big Bird is having a hard time today, but his friends are

there to help him feel better."

빅 버드는 오늘 힘든 시간을 보내고 있지만, 친구들이 그를 기분 좋게 만들어주려고 해요.

※ 유튜브에서 공식 채널 <Sesame Street>를 통해 무료로 시청할 수 있습니다. HBO Max에서도 최신 에피소드를 볼 수 있습니다.

3. 블루스 클루스(Blue's Clues)

블루스 클루스는 추론에 중심을 둔 단순한 이야기 구조와 반복적인 표현을 가지고 있어, 초보자가 영어를 배우기에 좋은 어린이용 프로그램입니다. 다음 예시를 보면 특정 문장 구조와 표현이 계속해서 반복되고 있음을 알 수 있고, 이런 반복을 통해 자연스럽게 영어 표현을 익힐 수 있습니다.

QR코드 인식으로
mp3 파일 듣기!

· 예시

⑴ "Hi there! It's me, Steve. Have you seen Blue?"

안녕! 나 스티브야. 블루 봤니?

(매 에피소드 시작 부분에서 반복되는 인사말입니다.)

⑵ "We just got a letter, we just got a letter, we just got a letter. I wonder who it's from?"

우리에게 편지가 왔어, 편지가 왔어, 편지가 왔어. 누가 보냈을까?

(편지를 받을 때마다 반복되는 노래입니다.)

⑶ "Blue skidoo, we can too!"

블루가 그림 속으로 들어갔어, 우리도 할 수 있어!

(그림 속 세계로 들어갈 때마다 사용되는 주문 같은 문장입니다.)

⑷ "Let's sit down in our thinking chair and think, think, think." 생각하는 의자에 앉아서 생각해보자, 생각해보자, 생각해보자.

(문제를 해결하기 위해 생각할 때마다 사용되는 표현입니다.)

⑸ "We need to find another clue!"

우리는 다른 단서를 찾아야 해!

(새로운 단서를 찾아야 할 때마다 반복되는 문장입니다.)

이러한 반복적인 구조와 표현들을 보며 아이들은 자연스럽게 영어 문장을 익힐 수 있습니다. 또한 이 프로그램은 시청자와 상호작용하는 형식을 취하고 있어, 적극적으로 학습에 참여하며 영어를 배울 수 있습니다.

※ Paramount+에서 스트리밍으로 시청할 수 있습니다. 또한 유튜브에서 일부 에피소드를 무료로 시청할 수 있습니다.

4. 스폰지밥 네모바지(SpongeBob SquarePants)

앞선 프로그램들을 보며 내 영어 실력이 조금 발전했다 싶을 때 추천하는 만화입니다. 비록 어린이용 프로그램은 아니지만, 간단한 대화와 유머러스한 상황으로 영어 학습에 도움이 될 수 있습니다. 다음의 표현과 같이 말한다면, 여러분은 정말 유머러스한 사람이 될 수 있습니다.

QR코드 인식으로
mp3 파일 듣기!

예시

(1) "I'm ready! I'm ready! I'm ready for work at the Krusty Krab!" 준비됐어! 준비됐어! 난 크러스티 크랩에서 일할 준비가 됐어!

(2) "Patrick, don't you have to be stupid somewhere else? Not until 4."
패트릭, 너 다른 곳에서 바보짓 해야 하지 않아? 4시까지는 아니야.

(3) "The inner machinations of my mind are an enigma."
내 마음의 내부 작용은 수수께끼야.

(4) "F is for Friends who do stuff together, U is for You and

me, N is for Anywhere and anytime at all down here in the deep blue sea!"

F는 함께 뭔가를 하는 친구들, U는 너와 나, N은 언제 어디서 나 이 깊고 푸른 바다에서!

(5) "I don't need it. I don't need it. I definitely don't need it. I don't need it. I don't need it. I NEED IT!"

필요 없어. 필요 없어. 절대 필요 없어. 필요 없어. 필요 없어. 필요해!

※ Netflix, Amazon Prime Video 등 다양한 스트리밍 서비스에서 시청 가능합니다.

반복 학습의 중요성

아이들이 언어를 배울 때 가장 효과적인 방법 중 하나는 반복입니다. 성인의 영어 학습에서도 같은 프로그램을 여러 번 보면서 자연스럽게 표현을 익히는 것은 중요합니다. 효과적인 반복 학습의 방법은 다음과 같습니다.

(1) 매일 일정 시간 시청하기 : 하루에 30분에서 1시간 정도를 정해두고 꾸준히 영어 프로그램을 시청하세요. 반복적인 시청을 통해 말이 귀에 익숙해지고, 그 표현을 자연스럽게 따라할 수 있게 됩니다.

(2) 프로그램과 상호작용하기 : 프로그램을 단순히 보는 것에서 그치지

말고, 적극적으로 대화에 참여해보세요. 캐릭터들이 하는 질문에 답하고, 따라 말하며 발음과 표현을 연습하세요.

다음의 질문을 읽고, 자유롭게 대답해보세요!

(1) "Good morning! How are you today?" 좋은 아침! 오늘 어떻게 지내?

_____

(2) "Can you help me with this?" 이거 좀 도와줄 수 있어?

_____

(3) "What did you do over the weekend?" 주말에 뭐 했어?

_____

(4) "Do you have any plans for tonight?" 오늘 밤 계획 있어?

_____

(5) "Could you repeat that, please?" 다시 한번 말씀해주시겠어요?

_____

답변 예시

(1) "I'm doing well, thank you! How about you?"
저는 잘 지내요, 고마워요! 당신은요?
(2) "Sure, what do you need help with?" 물론이죠, 무엇을 도와드릴까요?
(3) "I went hiking and watched a movie." 저는 등산하고 영화를 봤어요.
(4) "No, I don't have any plans yet." 아니요, 아직 계획 없어요.
(5) "Of course, here it is again." 물론이죠, 다시 말씀드릴게요.

단어 및 표현	뜻
slippery	미끄러운
tease	놀리다
invention	발명품
sharing is caring	나누는 것은 좋은 일이다
smell so delicious	냄새가 정말 좋다
count	세어보다
learning to eat	먹는 법을 배우고 있다
wants to know more about	더 알고 싶어 하다
having a hard time	힘든 시간을 보내고 있다
Have you seen	～ 봤니?
got a letter	편지가 왔어
We can too!	우리도 할 수 있어!
thinking chair	생각하는 의자
need to find ～	～ 찾아야 해
I'm ready for work	나는 일할 준비가 됐어
don't you have to ～	～ 해야 하지 않아?
enigma	수수께끼
anytime at all	언제 어디서나
I definitely ～	절대 ～

ABC

QR코드 인식으로
mp3 파일 듣기!

첫 대화 오프닝 :
당신의 영어 첫인상을 결정하는 10초

여러분, 이제 영어로 첫 대화를 시작할 준비가 되셨나요? 첫 대화는 언제나 긴장되지만, 몇 가지 상황별 표현만 익혀도 자신 있게 대화를 시작할 수 있습니다. 이번 장에서는 영어로 첫 대화를 시작하는 방법과 특정한 상황에서 사용할 수 있는 표현들을 소개해드리겠습니다.

1. 인사하기

- "Hi there, how's it going?"

  안녕, 어떻게 지내?

- "Hello, nice to meet you. I'm [Name]."

  안녕하세요, 만나서 반가워요. 저는 [이름]입니다.

2. 대화 이어가기

- "What brings you here today?"

  오늘 여기 왜 왔어요?

- "Have you been to this place before?"

  여기 와본 적 있어요?

3. 은근슬쩍 데이트 신청하기

- "I heard about this great cafe nearby, would you like to check it out with me sometime?"

  근처에 좋은 카페가 있다고 들었는데, 언제 같이 가볼래요?

- "Do you have any plans this weekend? Maybe we could grab a coffee?"

  이번 주말에 계획 있어요? 같이 커피 한잔 할까요?

4. 숙소 체크인하며 나누는 인사

- "Hello! I have a reservation under the name [Name]."

  안녕하세요! [이름]으로 예약했어요.

- "Hi, I'm checking in. Could you please tell me a bit about the facilities here?"

  안녕하세요, 체크인 하려고요. 여기 시설에 대해 좀 알려주시겠어요?

5. 호스트에게 질문하기

• "What's the best way to get to the city center from here?"

여기서 시내로 가는 가장 좋은 방법이 뭐예요?

• "Are there any good restaurants or cafes nearby?"

근처에 좋은 레스토랑이나 카페가 있나요?

6. 호스텔 가격 흥정하기

• "I love this place, but do you have any special discounts for long-term stay?"

이곳이 정말 마음에 드는데, 장기 숙박 할인 같은 거 있나요?

• "If I promise to write a great review, could you give me a little discount?"

좋은 리뷰 남기겠다고 약속하면, (가격을) 조금 깎아주실 수 있나요?

• "Please? You're my favorite hostel owner!"

안 될까요? 당신은 제가 제일 좋아하는 호스트예요!

7. 호스트와 유머 섞어 대화 이어가기

• "So, do a lot of handsome guys stay here?"

여기 잘생긴 남자들 많이 오나요?

• "Do you have any fun events or parties here? I'm looking to make some friends."

여기 재미있는 이벤트나 파티들이 있나요? 친구를 사귀고 싶어서요.

• "If I see any cockroaches, can I get a room upgrade?"

만약 바퀴벌레를 보면, 방 업그레이드 해주실 건가요?

8. 호스텔 주인과 친해지기

• "How long have you been running this hostel?"

이 호스텔을 운영하신 지 얼마나 되었나요?

• "Do you have any favorite spots in the city you recommend?"

이 도시에서 추천할 만한 좋아하는 곳이 있나요?

• "What's the craziest story you've heard from a guest?"

손님들에게서 들은 가장 놀라운 이야기가 뭐예요?

이러한 질문과 표현들을 통해 호스트와 친근하게 대화를 나누고, 유머를 섞어 분위기를 풀어보세요. 대화의 재미와 함께 영어 실력도 향상될 거예요.

우연히 산책하는 강아지를 만났을 때, 말 걸어보고 싶었던 경험이 한 번쯤 있지 않았나요? 그럴 때는 다음과 같은 표현을 사용해보세요.

9. 강아지에게 인사

• "Oh, what a cute dog! What's his/her name?"

와, 정말 귀여운 강아지네요! 이름이 뭐예요?

• "Hi there, buddy! Aren't you adorable?"

안녕, 친구! 정말 귀엽구나!

10. 강아지 주인과 대화 시작하기

• "How old is he/she?"

몇 살이에요?

• "What breed is your dog?"

강아지 품종이 뭐예요?

11. 강아지 주인과 친해지기

• "I've always wanted a dog. Do you have any tips for a first-time owner?"

저도 항상 강아지를 키우고 싶었어요. (강아지를) 처음 키우는 사람에게 조언해주실 수 있나요?

• "Do you take him/her to the park often? Maybe we could meet up sometime."

(강아지를) 공원에 자주 데려가세요? 나중에 같이 산책할 수 있을까요?

12. 강아지 주인한테 자연스럽게 데이트 신청하기

• "You seem to know a lot about dogs. Maybe we could grab a coffee sometime and you could tell me more?"

강아지에 대해 잘 아시는 것 같아요. 언제 커피 한잔하면서 더 이야기 해주실래요?

- "There's a great dog-friendly cafe nearby. Would you like to check it out together sometime?"

근처에 강아지와 함께 갈 수 있는 좋은 카페가 있어요. 언제 같이 가보실래요?

- "I often come here with my dog too. Maybe we could set up a playdate for them?"

저도 제 강아지와 자주 여기 와요. 우리 강아지들 놀이 날짜 정해볼까요?

'할인'을 뜻하는 다양한 단어
Special discounts, Discounts, Price reductions, Special offers, On Sale

'장기 숙박'을 뜻하는 다양한 단어
Long-term stay, Extended stay, Long-term accommodation, Long-term lodging, Prolonged stay

'시설'을 뜻하는 다양한 단어
Facilities, Amenities, Services, Features, Provisions

'시내'를 뜻하는 다양한 단어
City center, Downtown, Central area, Heart of the city, Urban center

'레스토랑'을 뜻하는 다양한 단어
Restaurants, Eateries, Dining places, Food establishments, Bistros

'아주 놀라운 이야기'를 뜻하는 다양한 단어
Craziest story, Wildest tale, Most insane story, Most unbelievable story, Most ridiculous story

'가장 좋은 방법'을 뜻하는 다양한 표현
Best way, Optimal method, Ideal way, Most effective way, Most efficient way

'(어디 한번) 가보자'를 뜻하는 다양한 표현
Check it out, Let's go and see, Let's visit, Let's check it out

'커피 한잔하다'를 뜻하는 다양한 표현
Grab a coffee, Have a coffee, Drink a coffee, Go for a coffee, Get a coffee

'~ 예약하다'
Make a reservation, Book a table, Reserve a spot, Book an appointment, Set up a reservation

'~ 만나자'
Meet up, Get together, Meet, Gather, Have a meeting

ABC

이해 못할 때 어물쩍 넘어가기 : 영어 고수들의 비밀 무기

영어 대화를 하다 보면 가끔 무슨 말인지 이해하지 못하는 상황이 생길 수 있습니다. 이런 상황에서도 대화를 자연스럽게 이어갈 수 있는 방법이 있습니다. 이 장에서는 대화를 이해하지 못했을 때 어떻게 대처할지, 그리고 어물쩍 넘어갈 수 있는 표현들은 어떤 것이 있는지 소개해드릴게요.

1. 이해한 척하고 넘어가기

때로는 상대방의 말을 완벽히 이해하지 못하더라도, 자연스럽게 대화를 이어가는 것이 중요합니다. 그럴 때는 다음과 같은 표현을 사용해보세요.

⑴ "Oh, I see!" 아, 그렇군요!

(2) "Wow, that's interesting!" 와, 정말 흥미롭네요!

(3) "Really? That's amazing!" 정말요? 대단하네요!

2. 추가 질문하기

상대방의 말을 이해하지 못했다면, 더 구체적으로 묻는 것도 좋은 방법입니다. 이렇게 하면 상대방이 다시 한번, 더 쉽게 설명해줄 수 있습니다.

(1) "Could you explain that a bit more?"

조금 더 (자세히) 설명해주실 수 있나요?

(2) "I'm not sure I understand. Can you give me an example?"

잘 이해가 안 되네요. 예를 들어 설명해주실 수 있나요?

(3) "What do you mean by that?"

그게 무슨 뜻인가요?

3. 요점 확인하기

상대방의 말을 다시 확인하면서 요점을 파악하는 것도 좋은 방법입니다. 이렇게 하면 대화하며 생길 수 있는 오해를 줄일 수 있습니다.

(1) "So, you mean […]?"

그러니까 […]라는 말씀이신가요?

(2) "Let me make sure I got that right. You said […]."

제가 제대로 이해했는지 확인하고 싶어요. 말씀하신 게 [⋯].

(3) "If I understand correctly, you're saying [⋯]."

제가 제대로 이해했다면, 당신이 말씀하신 것은 [⋯].

4. 기타 유용한 표현들

(1) "Oh, really?" 아, 정말요?

(2) "That's cool!" 그거 멋지네요!

(3) "I had no idea!" 전혀 몰랐어요!

(4) "Interesting!" 흥미롭네요!

(5) "Got it!" 알겠어요!

(6) "Uh-huh." 음-음.

(7) "Right." 맞아요.

(8) "Exactly." 정확히요.

(9) "I see." 알겠어요.

(10) "Wow!" 와!

5. 대화를 이어가는 질문

상대방의 이야기를 자연스럽게 이어가기 위해 질문을 던지는 것도 좋은 방법입니다. 이렇게 하면 대화가 끊기지 않고, 더 깊이 있는 이야기를 나눌 수 있습니다.

(1) "So, what happened next?" 그래서, 다음에 무슨 일이 있었어요?

(2) "How did that make you feel?" 그게 어떤 기분이었어요?

(3) "What did you do after that?" 그 후에 뭐 하셨어요?

6. 경험 공유

자신의 경험을 공유하면서 대화를 이어가세요. 이렇게 하면 자연스럽게 대화의 흐름을 유지할 수 있습니다.

(1) "That reminds me of a time when […]."

그게 제게 […] 한 때를 떠올리게 하네요.

(2) "I had a similar experience when […]."

저도 비슷한 경험을 한 적이 있어요. […].

(3) "I can relate to that because […]."

저도 그 점에서 공감할 수 있어요, 왜냐하면 […].

이렇게 이해하지 못했을 때도 자연스럽게 대화를 이어가는 방법을 익혀두면, 영어 대화가 훨씬 수월해질 거예요. 중요한 것은 자신감을 가지고 계속 시도하는 것입니다. 영어 학습의 첫걸음을 함께 시작해봐요!

ABC

영어회화가 미치도록 간절하다면 :
단기간 극한의 몰입 학습법

여러분, 영어회화가 당장(!) 정말 간절하신가요? 진짜 100% 먹히는 단
순한 방법이 필요하시다고요? 간절한 만큼 노력과 실천이 필요합니다. 이
번 장에서는 영어회화 능력을 크게 향상시킬 수 있는, 약간은 미친 것 같
은 도전 과제들을 소개해드릴게요.

도전 과제 1 : 미드 1000시간 보기

영어회화를 빠르게 향상시키고 싶다면, 미드(미국 드라마)를 1000시간 보
는 도전부터 시작해보세요. 이 도전은 단순히 보는 것이 아니라, 대사를
따라 하고 이해하는 것이 목표입니다.

어떻게 시작하나요?

1. 드라마 선택 : 처음에는 대사가 명확하고, 일상적인 대화의 비중이 많은 드라마를 선택하는 것이 좋습니다. 초보자용 드라마에 익숙해졌다면, 그다음 단계의 드라마로 넘어가보세요.

　(1) 초보자용 : 〈프렌즈(Friends)〉, 〈하우 아이 멧 유어 마더(How I Met Your Mother)〉, 〈오피스(The Office)〉 등 일상적인 대화가 많은 시트콤

　(2) 중급자용 : 〈모던패밀리(Modern Family)〉, 〈브룩클린 나인-나인(Brooklyn Nine-Nine)〉, 〈굿 플레이스(The Good Place)〉

　(3) 고급자용 : 〈하우스 오브 카드(House of Cards)〉, 〈더 크라운(The Crown)〉 등 복잡한 대사와 고급 어휘가 포함된 드라마

2. 계획 세우기 : 매일 3시간씩 드라마를 시청하면, 약 1년 안에 1000시간을 채울 수 있습니다.

　(1) 목표 : 매일 3시간씩, 1년 동안 드라마 시청하기

　(2) 현실적 접근 : 주중 2시간, 주말 4시간 등 유연하게 조정

　(3) 진행 상황 기록 : 시청 시간과 에피소드를 기록해서 동기 부여

3. 반복 시청 : 같은 에피소드를 여러 번 반복해서 시청하세요. 처음에는 자막과 함께, 그다음에는 자막 없이 시청해보세요.

4. 대사 따라 하기 : 주요 대사를 따라 하며 발음과 억양을 연습하세요. 특히, 좋아하는 장면이 있다면 그 대사를 완벽하게 외워보세요.

5. 주의사항

(1) 발음 주의 : 원어민 속도를 무리하게 따라 하지 않기

(2) 균형 잡힌 학습 : 미드 시청과 함께 문법, 작문 등 다른 영역의 공부도 병행하기

(3) 지속성 유지 : 흥미를 잃지 않도록 다양한 장르의 드라마 선택해서 시청하기

6. 추천 학습 도구

(1) 영어 자막 생성 크롬 확장 프로그램

(예 : Felo Subtitles, Trancy AI Subtitles, SubTrans, Substital 등)

① Felo Subtitles : 이 확장 프로그램은 ChatGPT를 사용해서 유튜브 비디오의 자막을 실시간으로 번역합니다. 확장 프로그램을 설치한 후, 번역 언어를 선택해서 유튜브 영상에 영어 자막을 표시할 수 있습니다.

② Trancy AI Subtitles : 이 확장 프로그램은 자막을 번역할 뿐만 아니라 언어 학습에도 도움을 줍니다. 2개의 언어로 자막을 표시할 수 있어, 기본 언어와 배우고자 하는 언어를 동시에 볼 수 있습

니다. 한국어와 영어 자막을 동시에 표시해서 영어 학습에 유용하게 사용 가능합니다.

③ SubTrans : SubTrans 역시 2개의 언어로 자막을 볼 수 있도록 해줍니다. 확장 프로그램을 활성화한 후, 첫 번째 언어와 두 번째 언어를 선택하면 실시간으로 번역된 자막을 볼 수 있습니다.

Trancy AI Subtitles를 이용해 2개의 자막을 동시에 보는 모습　　　(출처 : 구글 크롬 웹 스토어)

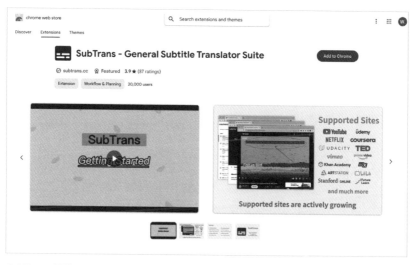

SubTrans 확장 프로그램 다운로드 화면　　　(출처 : 구글 크롬 웹 스토어)

(2) 단어장 앱

① Anki : 사용자들이 자신만의 단어장을 만들 수 있는 앱으로, 반복
학습 기능을 통해 효과적으로 단어를 암기할 수 있습니다.

② Quizlet : 낱말카드 형식으로 단어를 학습할 수 있는 앱으로, 다양
한 학습 게임과 테스트를 통해 단어를 재미있게 배울 수 있습니다.

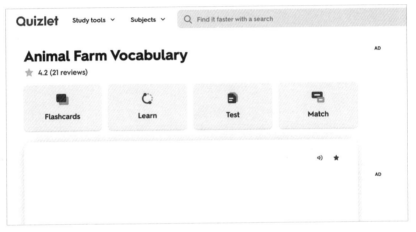

조지 오웰의 동물 농장(Animal Farm)에 나온 단어 모음집 (출처 : Quizlet, https://quizlet.com/kr)

(3) 발음 교정 앱

① ELSA Speak : AI 기반 발음 교정 앱으로, 사용자의 발음을 분석
하고 교정해주는 기능을 제공합니다. 개인 맞춤형 학습을 통해
발음 실력을 향상시킬 수 있습니다.

도전 과제 2 : 미친 척하고 지나가는 외국인에게 말 걸기

영어회화 실력을 빠르게 향상시키려면, 외국인과 직접 대화를 나누는 것이 가장 효과적입니다. 미친 척하고 외국인에게 말을 걸어보세요. 이 도전은 여러분의 용기와 자신감을 시험할 것입니다.

어떻게 시작하나요?

1. 타깃 찾기 : 관광지, 카페, 도서관 등 외국인이 많이 모이는 장소를 찾아가세요.

2. 인사하기 : 간단한 인사말로 시작하세요.

"Hi! Can I ask you something?" 안녕하세요! 질문 하나 해도 될까요?

3. 질문 던지기 : 일상적인 질문으로 대화를 시작해보세요.

"Where are you from?" 어디에서 오셨어요?,

"What do you think of this place?" 이곳에 대해 어떻게 생각하세요?

4. 대화 이어가기 : 상대방의 대답에 따라 자연스럽게 대화를 이어가세요. 중요한 것은 완벽한 문법이 아니라, 대화의 흐름을 유지하는 것입니다.

도전 과제 3 : 단어 100개 외울 때까지 밥 안 먹기

이 도전은 어휘력을 극대화하기 위한 방법입니다. 단어 100개를 외울 때까지 밥을 먹지 않는다는 목표를 세워보세요. 물론 건강을 해치지 않는 선에서 도전하는 것이 중요합니다.

어떻게 시작하나요?

1. 단어 리스트 준비 : 외우고 싶은 단어 100개를 리스트로 준비하세요. 주제별로 나눠 준비하면 더 효과적입니다.

2. 반복 학습 : 단어를 반복해서 읽고 외워보세요. 앞서 이야기한 단어장 앱을 활용해 학습하면 더 효율적입니다.

3. 자기 테스트 : 자신에게 퀴즈를 내며 학습한 단어를 확인하세요. 단어의 뜻과 예문을 함께 외워보세요.

4. 목표 달성 후 보상 : 단어 100개를 외우면 자신에게 작은 보상을 주세요. 예를 들어, 맛있는 식사를 하거나 좋아하는 영화를 보는 것도 좋습니다.

도전 과제 4 : 하루에 영어 문장 100개 쓰기

매일 영어 문장 100개를 쓰는 도전은 어휘와 문장 구조를 익히는 데 큰 도움이 됩니다. 이 도전을 통해 영어 작문 능력을 크게 향상시킬 수 있습니다.

어떻게 시작하나요?

1. 주제 정하기 : 매일 다른 주제를 정해 영어 문장을 써보세요. 예를 들어, 오늘의 주제가 '여행'이라면 여행과 관련된 문장을 작성해보세요.

2. 시간 정하기 : 매일 일정 시간을 정해 문장을 쓰는 시간을 가지세요. 처음에는 30분 정도로 시작해 점차 시간을 늘려보세요.

3. 반복 연습 : 작성한 문장을 반복해서 읽고, 필요시 수정하세요. 문장 구조와 어휘 사용을 스스로 점검해보세요.

4. 피드백 받기 : 영어 원어민 친구에게 혹은 온라인 커뮤니티에서 피드백을 받아보세요. 다른 사람의 조언을 통해 더 나은 문장을 작성할 수 있습니다.

도전 과제 5 : 영어로만 대화하는 친구 만들기

영어를 실생활에서 자주 사용하고 싶다면, 영어로만 대화하는 친구를 만들어보세요. 이 도전은 영어를 사용하는 환경을 일상 속에 자연스럽게 포함시키는 것을 목표로 합니다.

다양한 언어교환 앱　　　(출처 : (왼)Hellotalk 홈페이지, (오)Tandem 애플 앱스토어 소개 페이지)

어떻게 시작하나요?

1. 언어 교환 사이트 활용 : Tandem, HelloTalk, ConversationExchange 와 같은 언어 교환 플랫폼에서 영어로 대화할 친구를 찾아보세요.

⑴ Tandem

① 장점 : 다양한 채팅 옵션으로 몰입감 있는 언어 학습이 가능하며,

필터링 기능으로 언어교환 목적에 적합한 파트너를 쉽게 찾을 수 있습니다.

② 단점 : 무료 기능이 제한적이며, 더 많은 기능은 유료로 제공됩니다.

(2) HelloTalk

① 장점 : 번역, 발음 교정, 문법 교정 도구를 통해 언어 학습을 지원하며, Moments 기능으로 커뮤니티와 상호작용할 수 있습니다.

② 단점 : 무료 버전에서 광고가 나타날 수 있으며, 번역 기능의 정확성이 떨어질 수 있습니다.

(3) ConversationExchange

① 장점 : 텍스트, 음성, 대면 교환을 통해 실제 대화 연습과 문화 교류를 강조합니다.

② 단점 : 모바일 앱이 없고 웹 기반으로 운영되기 때문에 사용이 불편할 수 있습니다.

2. 정기적인 만남 : 일주일에 한 번씩 정기적으로 만날 시간을 정하세요. 오프라인으로 카페에서 만나 대화를 나눠도 좋고, 온라인으로 화상 통화를 해도 좋아요.

3. 대화 주제 준비 : 매번 다른 주제로 대화를 나누세요. 여행, 취미, 문화 등 다양한 주제를 선택해보세요.

4. 영어로만 대화하기 : 대화 중에는 영어로만 말하기로 약속하세요. 서로의 모국어 사용을 금지하고, 영어로만 소통해보세요.

여러분, 이렇게 미친 듯한 도전 과제를 통해 영어회화 실력을 향상시켜보세요.

중요한 것은 꾸준히 연습하고, 도전하는 용기를 가지는 것입니다. 영어 학습의 다음 단계로 함께 나아가봅시다!

ABC

아무리 노력해도 안 되는 경우 :
영어 학습의 숨겨진 함정

여러분, 앞서 이야기한 미드 1000시간 보기를 진짜 하신 것은 아니죠? 했다면 잘했습니다. 하지만 진짜 시도했더라도, 지치고 포기하고 싶은 순간이 지금쯤 왔을 것입니다.

그렇게까지 하지 못했어도, 영어 공부를 하며 아무리 노력해도 실력이 늘지 않는 것 같고, 벽에 부딪힌 느낌이 들 때가 있을 것입니다. 이번 장에서는 그런 순간을 극복하는 독특하고 창의적인 방법들을 소개해드릴게요.

도전 과제 1 : 호스텔에서 하루 종일 리스닝만 하기

영어를 배우기 위한 여행을 떠나보세요. 여행지의 호스텔에 머물면서 하루 종일 다른 여행객들이 대화하는 것을 듣는 것도 좋은 방법입니다. 이 방법은 실제 상황에서 영어를 듣고 이해하는 능력을 향상시키는 데 도움이 됩니다.

어떻게 시작하나요?

1. 여행지 선택 : 영어를 주로 사용하는 나라를 선택하세요. 예를 들면 미국, 영국, 호주 등이 좋습니다.

2. 호스텔 예약 : 여행지의 호스텔을 예약하세요. 호스텔은 다양한 나라에서 온 여행객들이 모이는 장소로, 영어를 많이 들을 수 있는 환경입니다.

3. 리스닝에 집중하기 : 호스텔에서 하루 종일 다른 여행객들의 대화를 듣고, 그들의 말을 이해하려고 노력해보세요. 직접 대화에 참여하지 않아도 괜찮습니다. 중요한 것은 듣는 것입니다.

4. 노트에 기록하기 : 들은 내용 중 이해한 부분을 노트에 기록해보세요. 모르는 단어는 따로 적어두고, 나중에 찾아보세요.

도전 과제 2 : 영어로 하루 종일 프리토킹 하기

영어를 배운다는 것은 결국 말하는 연습입니다. 하루를 정해 아침부터 밤까지 영어로만 말하는 도전을 해보세요. 이 도전은 여러분의 회화 실력을 극대화시켜 줄 것입니다.

어떻게 시작하나요?

1. 날짜 정하기 : 영어로만 대화하는 날을 정해보세요. 예를 들면 매주 토요일은 '영어 데이'라고 정해볼 수 있겠죠?

2. 프리토킹 파트너 찾기 : 친구나 가족 중 영어를 배우고 싶은 사람과 함께 이 도전을 해보세요. 서로 영어로만 대화하기로 약속하는 겁니다. 창피하다고요? 그렇다면 혼자 말해보는 것도 좋아요. 한번 영어에 미친 사람이 되어 보자고요!

3. 일상 대화 주제 정하기 : 하루 동안 다양한 주제로 대화를 나누세요. 아침에는 날씨, 점심에는 음식, 저녁에는 취미 등에 관해 이야기해보세요.

4. 피드백 받기 : 대화가 끝난 후, 서로의 영어 표현에 대해 피드백을 주고받으세요. 잘한 점과 개선할 점을 함께 나눠보세요. 혼자서 말하기 연습을 했다면 ChatGPT 같은 AI 도구에게 피드백을 요청해보는 것은 어떨까요?

도전 과제3 : 영어 유튜브 채널 운영하기

자신의 영어 학습 과정을 기록하고, 공유하는 유튜브 채널을 운영해보세요. 이 도전은 영어 실력뿐만 아니라 자신감을 키우는 데도 큰 도움이됩니다.

어떻게 시작하나요?

1. 채널 개설 : 유튜브에 자신의 채널을 개설하고, 채널 이름과 소개를 영어로 작성해보세요.

2. 콘텐츠 기획 : 영어 학습과 관련된 다양한 콘텐츠를 기획해보세요. 예를 들면 영어 일상 브이로그, 영어 학습 팁, 영어로 책 리뷰 등의 영상을 만들어 볼 수 있겠죠. 열심히 하는 척, 잘하는 척 하다 보면 진짜 잘하게 됩니다.

3. 영상 촬영 : 영어로 영상을 촬영하고, 자신이 말하고자 하는 내용을 자연스럽게 표현해보세요. 처음에는 짧은 영상부터 시작해 점차 길이를 늘려보세요.

4. 피드백 받기 : 영상을 업로드한 후, 시청자들의 피드백을 받아보세요. 잘한 점과 개선할 점을 참고해서 다음 영상을 준비해보면 더 좋아요.

ABC

좋은 질문을 하면 실력이 는다 : 대화를 이어가는 마법의 열쇠

영어로 질문하는 것이 어렵게 느껴지나요? 그러나 질문하는 것은 영어 실력을 빠르게 향상시킬 수 있는 좋은 방법입니다.

이 장에서는 영어로 질문하는 방법과 다양한 상황에서 사용할 수 있는 질문 표현들을 소개해드릴게요.

영어로 질문하는 것이 얼마나 쉬운지 느껴보세요!

도전 과제 1 : 질문 지옥에 빠뜨리기

영어 질문 실력을 향상시키기 위한 독특한 방법 중 하나는 대화 상대를 '질문 지옥'에 빠뜨리는 것입니다. 이는 대화 상대방에게 끊임없이 Yes or No 질문을 던져 대화를 이어가는 방식입니다.

어떻게 시작하나요?

1. 질문 리스트 준비 : Yes or No 질문을 여러 개 준비하세요. 예를 들면, "Do you like coffee?"(커피 좋아하세요?), "Have you been here before?"(여기 와본 적 있으세요?), "Is it your first time in this city?"(이 도시에 처음 오셨나요?)처럼 가벼운 질문으로요.

2. 대화 시작 : 간단한 인사말로 대화를 시작하고, 준비한 질문을 하나씩 던져보세요.

3. 질문 이어가기 : 상대방의 대답에 맞춰 새로운 질문을 던지세요. "Do you like this weather?"(이런 날씨를 좋아하세요?), "Are you enjoying your time here?"(여기 있는 시간을 즐기고 계신가요?) 등.

4. 리액션 하기 : 상대방의 대답에 간단한 리액션을 해주며 대화를 이어가세요. "Oh, really?"(아, 정말요?), "That's great!"(그거 좋네요!) 등.

도전 과제 2 : 답정너 질문으로 썸 타는 상대 사로잡기

썸 타는 상대에게 답정너 질문을 던져서 대화를 이어가고, 공감해주는 연습을 해보세요. 이 방법은 상대방과 유대감을 형성하고, 자연스럽게 대화를 이어가는 데 도움이 됩니다.

어떻게 시작하나요?

1. 답정너 질문 준비 : 상대방이 긍정적인 대답을 할 수밖에 없는 질문을 준비하세요. 예를 들어, "Don't you think this place is amazing?"(여기 정말 멋지지 않아요?), "Isn't this the best coffee you've ever had?"(이 커피 정말 최고죠?)처럼요.

2. 대화 시작 : 간단한 인사말로 대화를 시작하고, 준비한 답정너 질문을 하나씩 던지세요.

3. 질문 이어가기 : 상대방의 대답에 따라 새로운 답정너 질문을 던지세요. "Don't you love this weather?"(이 날씨 정말 좋지 않아요?), "Isn't this view incredible?"(이 경치 정말 대단하지 않아요?) 등.

4. 공감 연습 : 상대방의 대답에 공감하는 표현을 사용하세요. "I know, right?"(그렇죠?), "Exactly!"(정확히요!), "I totally agree"(완전 동의해요) 등.

도전 과제 3 : 미투 지옥에 빠트리기

상대방이 말하는 모든 것에 공감하고, 비슷한 경험을 이야기하는 '미투 지옥'에 상대를 빠뜨려 보세요. 이 방법은 상대와의 유대감을 높이고, 대화를 자연스럽게 이어가는 데 도움이 됩니다.

어떻게 시작하나요?

1. 공감 표현 준비 : 상대방의 말에 공감할 수 있는 표현을 준비하세요. 예를 들어, "Me too!"(저도요!), "I feel the same way"(저도 똑같이 느껴요), "That happened to me as well"(저도 그런 일이 있었어요) 등.

2. 대화 시작 : 간단한 인사말로 대화를 시작하고, 상대방이 말하는 모든 것에 공감하는 표현을 사용하세요.

3. 경험 공유 : 공감한 후에는 자신의 비슷한 경험을 이야기하세요. "I went through something similar when…"(저도 비슷한 일을 겪었어요…) 등.

4. 리액션 하기 : 상대방의 반응에 맞춰 적절한 리액션을 하며 대화를 이어가세요. "Really? That's interesting!"(정말요? 흥미롭네요!), "I know, right?"(그렇죠?) 등.

유용한 질문 팁

영어로 질문할 때 몇 가지 유용한 팁을 참고하면, 더 자연스럽고 효과적으로 질문할 수 있습니다.

1. 간단하게 질문하기

복잡한 문장보다 간단하고 명확한 문장으로 질문하세요. 예를 들면, "Where is the restroom?"(화장실이 어디인가요?)라는 표현은 "Can you tell me where the restroom is?"와 같은 의미이지만 더 간단하고, 이해하기 쉽습니다.

2. 몸짓과 표정 활용하기

질문할 때 몸짓과 표정을 함께 사용하면 더 쉽게 이해할 수 있습니다. 예를 들어, 방향을 물어볼 때는 손으로 방향을 가리키면서 질문하면 좋습니다.

3. 질문하고 듣기

질문을 한 후에는 상대방의 대답을 잘 들어보세요. 그리고 이해하지 못한 부분이 있다면, "Can you say that again?"(다시 한번 말씀해주시겠어요?) 또는 "I'm sorry, I didn't catch that"(미안해요, 잘 못 들었어요)라고 말하세요.

4. 반복 연습하기

질문하는 연습을 반복해서 해보세요. 친구나 가족과 함께 질문을 주고 받거나, 상대가 없다면 거울 앞에 서서 혼자 연습해보세요!

ABC

여행하는 외국인이 많이 쓰는 50문장 : 실전에서 바로 써먹기

여행 중에 호스텔이나 게스트하우스에서 만나는 외국인들과 영어로 대화를 나누는 것은 언어를 익히는 데에 매우 좋은 기회입니다. 이번 장에서는 여행하는 외국인이 자주 사용하는 50가지 문장을 소개하고, 이러한 문장들을 실제 상황에서 어떻게 활용할 수 있는지 알려드릴게요. 여행지에서 유용하게 사용할 수 있는 문장들을 미리 연습해보세요!

인사와 소개

1. Hi! Where are you from?

   안녕하세요! 어디서 오셨어요?

2. I'm from [country]. How about you?

저는 [나라]에서 왔어요. 당신은요?

3. What's your name?

이름이 뭐예요?

4. How long have you been traveling?

여행한 지 얼마나 되셨어요?

5. Are you traveling alone?

혼자 여행 중이세요?

6. Do you have any travel plans for tomorrow?

내일 여행 계획이 있나요?

호스텔 생활

7. What room are you in?

몇 호실에 계세요?

8. Is the Wi-Fi working for you?

와이파이 잘 되나요?

9. Where is the common area?

공용 공간이 어디에 있나요?

10. Do you know if there's a kitchen here?

여기 주방이 있나요?

11. What time is breakfast?

아침 식사는 몇 시에 나오나요?

12. Do you need any laundry services?

세탁 서비스 필요하세요?

13. Is there a curfew here?

여기 통금 시간이 있나요?

여행 정보 교환

14. What places have you visited so far?

지금까지 어떤 곳을 방문했나요?

15. Do you have any recommendations for things to do here?

여기서 할 만한 것들 추천해주실 것이 있나요?

16. How do I get to [place]?

[장소]로 어떻게 가나요?

17. Have you been to [attraction]?

[명소]에 가보셨어요?

18. What's the best way to get around the city?

도시를 돌아다니기 가장 좋은 방법이 뭐예요?

19. Are there any good restaurants nearby?

근처에 좋은 레스토랑 있나요?

20. What's the local food like?

현지 음식은 어때요?

활동과 계획

21. Do you want to join me for [activity]?

    [활동] 함께 하실래요?

22. Are you planning to visit [place]?

    [장소]에 방문할 계획이 있나요?

23. What are your plans for the weekend?

    주말 계획이 어떻게 되세요?

24. Do you want to go hiking/biking/swimming?

    하이킹/자전거 타기/수영하러 갈래요?

25. Is there a group tour we can join?

    우리가 참가할 수 있는 그룹 투어가 있나요?

26. Do you have any plans for tonight?

    오늘 밤 계획이 있나요?

27. What time are you heading out tomorrow?

    내일 몇 시에 나가세요?

대화와 친목

28. What do you do back home?

    고향에서는 무슨 일을 하세요?

29. How long are you staying here?

    여기 얼마나 머무르실 건가요?

30. What's your favorite part of this trip so far?

이번 여행에서 가장 좋았던 부분은 뭐예요?

31. Do you like it here?

여기 좋아하세요?

32. Have you made any friends on your trip?

여행 중에 친구를 사귀셨나요?

33. What's been the highlight of your trip?

여행 중 가장 기억에 남는 일이 뭐예요?

34. Do you have any travel tips for this area?

이 지역에 관한 여행 팁이 있나요?

문제 해결

35. Is there a pharmacy nearby?

근처에 약국이 있나요?

36. Where can I exchange money?

환전은 어디서 할 수 있나요?

37. Can you help me find a doctor?

의사 찾는 거 도와주실 수 있나요?

38. Is there a convenience store around here?

이 근처에 편의점이 있나요?

39. Do you know where the nearest ATM is?

가장 가까운 ATM이 어디 있는지 아세요?

40. How do I report a lost item?

분실물을 어떻게 신고하나요?

간단한 요청과 도움

41. Can you take a photo for me?

사진 좀 찍어주실 수 있나요?

42. Do you mind if I join you?

제가 함께해도 될까요?

43. Can you watch my stuff for a minute?

제 짐 좀 잠깐 봐주실 수 있나요?

44. Do you need any help with that?

그거 도와드릴까요?

45. Can I borrow your [item]?

[물건] 좀 빌릴 수 있을까요?

46. Do you know where I can find [item]?

[물건] 어디서 찾을 수 있는지 아세요?

47. Can we share a cab?

택시 같이 타실래요?

48. Have you heard about [event]?

    [이벤트]에 대해 들어보셨어요?

49. What do you think about [topic]?

    [주제]에 대해 어떻게 생각하세요?

50. Do you want to grab a drink later?

    나중에 술 한잔 할래요?

실생활에서의 활용 방법

이제 이러한 문장들을 실제 상황에서 어떻게 활용할 수 있는지 알아봅시다.

1. 인사와 소개

새로운 사람을 만날 때마다 인사하고 소개하는 연습을 하세요. 호스텔에서 만난 사람들과도 영어로 인사해보세요.

예를 들어, "Hi! Where are you from? My name is [Name]." (안녕하세요! 어디서 오셨어요? 제 이름은 [이름]입니다.)

2. 호스텔 생활

호스텔에서 필요한 정보나 도움을 요청할 때 영어로 연습해보세요. 공용 공간이나 시설을 이용할 때 다음과 같은 표현들을 유용하게 사용할 수 있습니다.

예를 들어, "Is the Wi-Fi working for you?" (와이파이 잘 되나요?), "What time is breakfast?" (아침 식사는 몇 시에 나오나요?)

3. 여행 정보 교환

다른 여행자들과 여행 정보를 교환하면서 영어로 대화를 나누세요. 추천 장소나 교통 정보를 물어보는 것도 좋은 방법입니다.

예를 들어, "Do you have any recommendations for things to do here?" (여기서 할 만한 것 추천해주실 게 있나요?), "How do I get to [place]?" ([장소]로 어떻게 가나요?)

4. 활동과 계획

다른 여행자들과 함께 활동을 계획하고, 참여하면서 영어로 대화를 나누세요. 새로운 친구를 사귀고 여행을 더 즐겁게 만들 수 있습니다.

예를 들어, "Do you want to join me for [activity]?" ([활동] 함께 하실래요?), "Are you planning to visit [place]?" ([장소]에 방문할 계획이 있으세요?)

5. 대화와 친목

다른 여행자들과 친해지고, 서로의 경험을 공유하면서 영어로 대화를 나눠보세요. 다양한 주제에 대해 이야기해보면 더 좋아요.

예를 들어, "What's been the highlight of your trip?" (여행 중 가장 기억에 남는 순간은 뭐예요?), "Do you like it here?" (여기 좋아하세요?)

6. 문제 해결

여행 중 문제가 발생했을 때 영어로 도움을 요청하고, 해결 방법을 찾아보세요. 실생활에서 유용하게 사용할 수 있습니다.

예를 들어, "Is there a pharmacy nearby?" (근처에 약국이 있나요?), "Where can I exchange money?" (환전은 어디서 할 수 있나요?)

7. 간단한 요청과 도움

다른 여행자들에게 간단한 요청이나 도움을 구하면서 영어로 대화를 나눠보세요. 서로 도우면 여행을 더 편하게 즐길 수 있습니다.

예를 들어, "Can you take a photo for me?" (사진 좀 찍어주실 수 있나요?), "Do you mind if I join you?" (제가 함께해도 될까요?)

ABC

게으를수록 좋다 :
효과적인 영어 학습법

여러분, 영어는 배우고 싶지만 시간이 없거나, 스스로가 게으르다고 생각되시나요? 사실 게으른 사람들을 위한 영어 학습 방법은 따로 있답니다. 이 장에서는 게으른 사람도 효과적으로 영어를 배울 수 있는 방법들을 소개해드릴게요. 이것만 따라 한다면 여러분의 영어 학습은 더 쉽고 재미있어질 거예요.

도전 과제 1 : 10분 학습법

짧은 시간 동안 집중적으로 학습하는 방법입니다. 하루에 단 10분만 투자해도 꾸준히 학습하면 큰 효과를 볼 수 있습니다.

어떻게 시작하나요?

1. 주제 선택 : 하루에 한 가지 주제를 선택하세요. 예를 들면 새로운 단어 5개 외우기, 간단한 회화 문장 연습하기 같은 주제로요.

2. 타이머 설정 : 타이머를 10분으로 설정하고, 그 시간 동안 집중해서 학습하세요.

3. 짧고 간결하게 : 학습 시간을 짧게 유지하면서 매일 꾸준히 반복하세요. 짧은 시간 동안 간결하게 학습하며 집중력이 높아집니다.

4. 꾸준한 반복 : 매일 10분씩 학습하는 습관을 들이세요. 주제는 다양하게 바꿔가며 학습하세요.

도전 과제 2 : 영어로 검색하기

궁금한 것을 찾아야 할 때 한번 영어로 검색해보세요. 이렇게 하면 일상에서 자연스럽게 영어를 접하고, 배울 수 있습니다.

어떻게 시작하나요?

1. 검색 주제 정하기 : 검색할 주제를 정하세요. 예를 들면 요리 레시피, 영화 리뷰, 여행 정보 등.

2. 영어로 검색하기 : 구글이나 유튜브에서 앞서 찾으려던 주제를 영어로 검색해보세요. 예를 들면, "best pasta recipe"(최고의 파스타 레시피), "latest movie reviews"(최신 영화 리뷰), "top travel destinations"(최고의 여행지) 등.

3. 검색 결과 읽기 : 검색 결과를 읽으면서 새로운 단어와 표현을 익혀보세요.

4. 메모하기 : 검색 결과 중 유용한 표현이나 단어를 메모해두세요. 이를 가지고 나중에 간단히 복습할 수 있습니다

도전 과제 3 : 영어 콘텐츠 알고리즘 만들기

영어 콘텐츠 위주의 콘텐츠가 뜨는 SNS 계정을 만들어서, SNS로 시간을 낭비하면서도 영어를 배워보세요.

어떻게 시작하나요?

1. 새로운 계정 만들기 : 인스타그램, 페이스북, 유튜브 등 SNS 플랫폼에서 새로운 계정을 만드세요.

2. 영어 콘텐츠 팔로우하기 : 영어로 된 SNS 계정, 페이지, 채널을 팔로

우하세요. 예를 들면 영어 교육 계정, 영어로 된 뉴스 페이지, 영어 유튜브 채널 등.

3. 피드 탐색하기 : SNS 피드를 탐색하면서 영어 콘텐츠를 접하세요. 시간을 낭비하는 것처럼 보이지만, 다양한 콘텐츠를 통해 자연스럽게 영어를 배우게 됩니다.

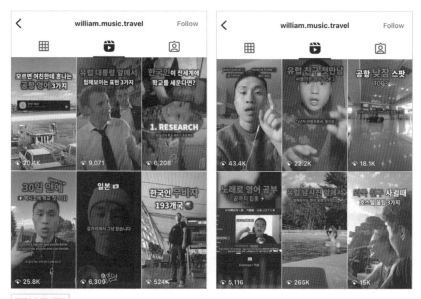

(출처 : 저자 인스타그램)

4. 참여하기 : 댓글을 달거나, 좋아요를 누르거나, 콘텐츠를 공유하면서 영어로 소통해보세요.

도전 과제 4 : ChatGPT에게 영어로 질문하기

ChatGPT와 같은 인공지능에게 영어로 질문을 하고 답변을 받아보세요. 이렇게 하면 대화 연습도 되고, 궁금한 것도 해결할 수 있습니다.

어떻게 시작하나요?

1. 질문 준비 : 매일 영어로 질문 5개를 준비하세요. 예를 들어, "What is the weather like today?"(오늘 날씨 어때?), "Can you recommend a good book?"(좋은 책 한 권 추천해줄 수 있어?), "How do I improve my English writing skills?"(내 영어 쓰기 실력을 어떻게 높일 수 있을까?) 등.

2. ChatGPT에게 질문하기 : 준비한 질문을 ChatGPT에게 물어보세요. 인공지능이 답변을 제공해줄 것입니다.

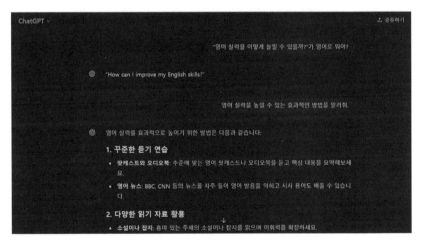

ChatGPT와 대화하는 모습   (출처 : ChatGPT)

3. 대화 이어가기 : 답변을 받고 추가 질문을 하거나, 답변 내용을 토대로 대화를 이어가보세요.

4. 배운 것 기록하기 : 대화 중 배운 표현이나 단어를 기록해두세요. 이것을 가지고 나중에 복습할 수 있습니다. ChatGPT와의 대화 기록은 자동으로 저장되니, 나중에 다시 한번 대화 내용을 돌아보며 정리해보는 것도 좋겠죠?

(출처 : ChatGPT)

도전 과제 5 : 영어로 일상 활동하기

다른 활동을 하면서 동시에 영어를 학습하는 방법입니다. 이렇게 하면 게으르게 지내면서도 영어를 꾸준히 접할 수 있습니다.

어떻게 시작하나요?

1. 영어 음악 듣기 : 일상생활에서 영어 음악을 들어보세요. 청소나 요리할 때 배경음악으로 영어 음악을 틀어놓는 것도 좋습니다.

2. 영어 자막 켜기 : 영어 자막을 켜고 TV나 영화를 보세요. 자막을 읽으면서 자연스럽게 영어 문장을 익힐 수 있습니다.

3. 오디오북 듣기 : 출퇴근 시간이나 산책할 때 영어 오디오북을 들으세요. 책을 읽는 것보다 편하게 영어를 접할 수 있습니다.

도전 과제 6 : 영어 앱으로 게임하기

언어 학습 앱이나 게임을 통해서도 재미있게 영어를 배울 수 있습니다. 게임을 하면서 자연스럽게 영어를 익혀보세요.

어떻게 시작하나요?

1. 앱 다운로드 : 듀오링고(Duolingo), 멤라이즈(Memrise), 바벨(Babbel) 등 영어 학습 앱을 다운로드하세요.

⑴ 듀오링고는 게임처럼 재미있게 영어를 배울 수 있다는 장점이 있지만, 심화 학습의 측면에서는 부족할 수 있습니다.

(2) 멤라이즈는 실제 원어민의 발음과 문화를 접할 수 있는 장점이 있습니다. 그러나 무료로 제공하는 콘텐츠가 한정적이라는 단점이 있습니다.

(3) 바벨은 체계적인 언어학습 커리큘럼을 제공하는 언어 학습 앱입니다. 그러나 기본적으로 유료 구독이 필요합니다.

듀오링고 앱 소개 페이지   (출처 : 애플 앱스토어)

2. 게임 플레이 : 학습 앱의 게임을 플레이하면서 영어 단어와 표현을 익히세요. 경쟁 요소가 있는 게임은 학습의 동기 부여가 됩니다.

3. 매일 플레이하기 : 하루에 몇 분이라도 좋으니, 게임을 꾸준히 플레이하며 학습하세요.

4. 레벨 업 : 게임의 레벨을 올리면서 더 어려운 단어와 표현을 배우세

요. 게임을 즐기면서 영어 학습까지 할 수 있습니다.

ABC

원어민처럼 말할 필요 없다 :
나만의 영어 스타일 찾기

영어를 배우면서 원어민처럼 완벽하게 말해야 한다는 부담을 가지고 계신가요? 그러나 영어를 유창하게 말하는 것보다 중요한 것은 실용적으로 영어를 사용하는 것입니다. 이번 장에서는 원어민처럼 말할 필요 없이 자신만의 영어 스타일을 찾고, 활용하는 방법들을 소개해드릴게요.

BBC에서의 경험 : 다양한 영어 발음의 중요성

제가 BBC에서 일할 때, 다양한 발음에 관해 교육을 받은 적이 있습니다. 그곳에서 저는 인도식 영어, 호주식 영어, 심지어 한국식 영어까지, 모든 발음이 똑같이 중요하고, 더 나은 발음은 없다는 이야기를 들었습니다.

이 경험을 통해 저도 발음에 대한 부담을 줄일 수 있었고, 다양한 억양과 발음을 이해하는 것이 얼마나 중요한지 깨달았습니다.

문법과 발음에 대한 부담 내려놓기

영어를 배울 때, 문법과 발음에 너무 집착할 필요는 없습니다. 물론 기본적인 문법과 발음은 중요하지만, 사소한 실수는 무시하고 의미 전달에 집중하세요. 주어, 동사, 형용사 등 모든 문법 요소를 완벽하게 맞추려고 하지 마세요.

어떻게 시작하나요?

1. 의미 전달에 집중하기

영어를 사용할 때, 가장 중요한 것은 자신의 뜻을 명확하게 전달하는 것입니다. 긴 문장을 만들려고 애쓰지 말고, 간단하고 명확한 문장으로 의미를 전달하세요. 예를 들면 "I go store"(나는 가게에 간다)와 같은 간단한 문장도 충분히 의미를 전달할 수 있습니다.

2. 사소한 문법 실수 무시하기

사소한 문법 실수는 무시하세요. 주어와 동사의 일치, 시제 등 기본적인 문법만 지키면 됩니다. 문법이 완벽하지 않아도, 상대방이 당신의 말을 이해할 수만 있다면 충분합니다.

3. 나만의 억양과 발음 유지하기

나만의 억양과 발음을 그대로 유지하세요. 한국식 억양, 인도식 억양, 호주식 억양 등 어떤 억양이든지 그것이 바로 당신의 스타일입니다. 억양을 바꾸려고 애쓰지 말고, 자신만의 독특한 억양을 자랑스럽게 여기세요.

4. 다양한 억양과 발음 듣기

다양한 억양과 발음을 듣고 익숙해지세요. 영어는 다양한 문화와 지역에서 사용되는 언어이므로, 다양한 억양을 이해하는 것이 중요합니다. 다양한 억양의 콘텐츠를 접하면서 귀를 훈련하세요.

5. 피드백 받기

친구나 언어 교환 파트너에게 피드백을 받아보세요. 이를 통해 자신이 잘하고 있는 부분과 개선해야 할 점을 알 수 있습니다. 피드백을 통해서 더 나은 영어 스타일을 만들어가는 기회를 잡아봅시다.

도전 과제 1 : 자신만의 억양으로 말하기

자신의 억양을 살려서 말하는 연습을 하세요. 억양을 바꾸려는 노력을 하지 말고, 자신만의 스타일을 살려서 영어를 구사해보세요.

어떻게 시작하나요?

1. 문장 반복 연습

간단한 문장을 반복해서 연습하세요. 예를 들면 "Good morning!", "How are you today?", "Nice to meet you"와 같은 인사말을 반복해서 연습합니다. 이때 자신의 억양을 그대로 살리면서, 명확하게 발음하는 것이 중요합니다.

2. 녹음하기

자신의 목소리를 녹음해서 들어보세요. 녹음된 목소리를 들으며 억양과 발음을 분석해보고, 개선할 점을 찾아보세요. 스스로의 목소리를 듣는 것은 발음과 억양을 개선하는 데 큰 도움이 됩니다.

도전 과제 2 : 문법에 집착하지 않기

회화 능력을 향상시키기 위해 문법에 너무 집착할 필요는 없습니다. 물론 기본적인 문법은 중요하지만, 사소한 문법 실수라면 무시하고, 의미 전달에 더 집중하세요.

어떻게 시작하나요?

1. 기본 문법만 익히기

영어의 기본적인 문법만 익히세요. 예를 들면 시제, 주어와 동사의 일치, 기본적인 문장 구조 등 기본적인 문법만 알고 있으면 충분합니다.

TIP
문법 교정 앱을 사용해보세요. 예를 들어, Grammarly와 같은 앱은 실시간으로 문법 오류를 교정해주고, 기본적인 문법 규칙을 반복적으로 학습할 수 있게 도와줍니다.

Grammarly 소개 이미지   (출처 : 구글 앱스토어)

2. 문법 실수 무시하기

사소한 문법 실수는 무시하세요. 주어, 동사, 형용사 등 모든 문법 요소를 완벽하게 맞추려고 하지 마세요. 중요한 것은 당신의 뜻을 명확하게 전달하는 것입니다.

TIP
영어로 일기를 쓸 때, 문법은 신경 쓰지 말고 자유롭게 작성해보세요. 그런 다음, 일기를 다시 읽고 필요한 부분만 수정해보세요.

3. 의사소통에 집중하기

문법보다 의사소통에 집중하세요. 의미가 잘 전달되면, 문법이 완벽하지 않아도 괜찮습니다. 중요한 것은 상대방이 당신의 말을 이해할 수 있는지 여부입니다.

TIP
언어 교환 파트너를 찾아보세요. 서로의 언어를 교환하면서 실생활에서 사용되는 표현을 배우고, 실제 의사소통 능력을 키울 수 있습니다. 파트너를 찾는 곳은 39~40p의 앱 추천 참고!

4. 명확하게 표현하기

자신의 생각을 명확하게 표현하려고 노력하세요. 긴 문장보다는 짧고 간결한 문장으로 의미를 전달하세요. 예를 들어, "I go eat food" (나 밥 먹으러 가)와 같은 간단한 문장도 충분히 의미를 전달할 수 있습니다.

TIP
생각나는 대로 영어 메모를 작성해보세요. 일상생활에서 자주 사용하는 표현이나 단어를 짧게 메모해두고, 이를 자연스럽게 활용해보세요.

도전 과제 3 : 자신만의 표현 찾기

자신이 자주 사용하는 표현들을 찾아보세요. 나만의 표현들을 통해 더 자연스럽고 편안하게 영어를 구사할 수 있습니다.

어떻게 시작하나요?

1. 자주 사용한 표현 기록하기

자신이 자주 사용하는 표현들을 기록해보세요. 아직 그런 표현들이 없다면, "I think…", "In my opinion…", "That's great!"와 같은 표현들을 자주 사용해보세요. 이러한 표현들은 대화를 훨씬 더 자연스럽게 만들어줍니다.

2. 새로운 표현 배우기

새로운 표현을 배울 때마다 자신만의 스타일로 활용해보세요. 예를 들어, "That's interesting."(흥미롭네), "I didn't know that."(그건 몰랐어), "Can you tell me more?"(조금 더 (자세히) 말해줄 수 있을까?)와 같은 표현들을 배우고, 이를 자신만의 스타일로 바꿔보세요.

3. 반복 연습

자주 사용하는 표현들을 알았다면, 이를 반복해서 연습하세요. 친구나 언어 교환 파트너와 대화를 나누면서 이러한 표현들을 자연스럽게 사용할 수 있도록 연습합니다.

도전 과제 4 : 다양한 억양과 발음 듣기

다양한 억양과 발음을 듣고 익숙해지세요. 영어는 다양한 문화와 지역에서 사용되므로, 다양한 억양을 이해하는 것이 중요합니다.

어떻게 시작하나요?

1. 다양한 억양의 콘텐츠 접하기

다양한 억양과 발음을 듣기 위해, 여러 나라(영국, 호주, 인도 등)의 콘텐츠를 접해보세요. 유튜브와 넷플릭스, 팟캐스트 등에서 다양한 억양의 콘텐츠를 찾아보세요.

2. 유튜브와 팟캐스트 활용하기

유튜브와 팟캐스트에서 다양한 억양을 들을 수 있는 채널을 구독해서, 여러 나라의 영어를 들어보세요. 예를 들면 TED Talks, BBC News, Australian Broadcasting Corporation(ABC) 등 채널의 콘텐츠를 들어보면 좋습니다.

각 채널의 장점과 단점

채널	장점	단점
TED Talks	다양한 주제와 명확한 발음 제공	전문용어가 많아 초급자에게 어려움.
BBC News	표준 영국 영어를 배울 수 있고, 시사용어에 익숙해질 수 있음.	빠른 속도와 복잡한 문장이 초보자에게 부담될 수 있음.

채널	장점	단점
Australian Broadcasting Corporation (ABC)	호주식 영어와 지역적 표현을 익힐 수 있음.	호주식 발음과 억양이 초보자에게 낯설게 느껴질 수 있음.
National Public Radio (NPR)	느린 속도와 명확한 발음으로 영어 학습에 유익함.	일부 주제가 지루할 수 있음.
The New York Times	고급 영어와 다양한 어휘를 배울 수 있음.	복잡한 문장 구조와 전문 용어가 많아 초급자에게 어려울 수 있음.
CNN	다양한 뉴스와 표준 미국 영어를 배울 수 있음.	뉴스 속도가 빠르고 정치적 편향성이 있을 수 있음.
VOA Learning English	쉬운 영어와 느린 발음으로 학습자에게 최적화됨.	제공하는 콘텐츠가 제한적일 수 있음.
유튜브 채널 (예 : English with Lucy)	실용적인 영어 표현과 문법 설명을 제공함.	콘텐츠의 질과 신뢰도가 채널마다 다를 수 있음.

3. 리스닝 연습

다양한 억양의 영어를 듣고, 이해하는 연습을 하세요. 처음에는 어려울 수 있지만, 반복해서 듣다 보면 점차 익숙해집니다.

4. 발음 따라 하기

다양한 억양의 발음을 따라 하며 연습해보세요. 억양을 흉내 내면서 발음 연습을 하면 더 재미있게 배울 수 있습니다.

ABC

내가 영어를 0에서 다시 시작한다면 : BBC 기자의 극비 학습법

여러분, 만약 제가 영어를 0부터 다시 시작해야 한다면 어떤 방법을 쓸까요? 사실, 영어를 처음부터 다시 배우는 것은 쉽지 않겠지만 재미있게 할 수 있는 방법들은 있습니다. 여기에 제가 추천하는 몇 가지 방법을 소개할게요.

전략 1 : 외국인 썸남/썸녀 만들기

영어를 빨리 배우는 최고의 방법 중 하나는 외국인 썸남이나 썸녀를 만드는 거예요. 로맨틱한 관계는 영어 실력을 급격히 향상시켜 줄 거예요. 그리고 영어에 대한 동기 부여도 저절로 강해지죠. 물론 여자친구나 남자친구가 있는 경우라면, 이런 방법은 피하는 게 좋겠죠?

어떻게 시작하나요?

1. SNS 활용하기

인스타그램, 페이스북, 트위터 같은 SNS를 이용해서 외국인 친구를 사귀어 보세요. 이런 채널을 통해서는 공통 관심사를 가진 사람들을 쉽게 찾을 수 있어요. 예를 들면, 여행 사진을 올리면서 여행에 관심이 많은 외국인 친구들과 소통할 수 있겠죠?

2. 데이트 앱 활용하기

틴더(Tinder)나 범블(Bumble) 같은 글로벌 데이트 앱을 사용해 외국인 썸남/썸녀를 찾아보세요. 로맨틱한 대화를 통해 영어 실력을 쑥쑥 키울 수 있을 거예요. 예를 들면, 앱에서 서로를 알아가는 짧은 메시지를 주고받으면서 자연스럽게 영어를 연습할 수 있어요.

전략 2 : 외국인 친구와 취미생활 하기

취미를 공유하는 외국인 친구를 사귀어 함께 활동하는 것도 영어를 배우는 좋은 방법이에요. 관심사가 비슷하니 취미를 통해 자연스럽게 영어를 사용할 수 있죠.

어떻게 시작하나요?

1. 취미 모임 참여하기

밋업(Meetup) 같은 앱을 통해 영어로 진행되는 취미 모임에 참여해보세요. 여행, 요리, 운동 등 다양한 취미를 가진 사람들과 만날 수 있어요. 예를 들면, 영어로 요리 강습을 받으면서 새로운 친구들을 사귈 수도 있겠죠?

2. 스포츠 클럽 가입하기

축구, 농구, 테니스 같은 스포츠 클럽에 가입해 외국인 친구들과 함께 운동을 즐겨 보세요. 스포츠 활동을 통해 자연스럽게 영어로 대화할 수 있답니다. 예를 들면 농구 시합 중에 팀원들과 영어로 소통하며 경기할 수 있어요.

3. 온라인 게임 커뮤니티 참여하기

영어로 진행되는 온라인 게임 커뮤니티에 참여해보세요. 게임을 통해 새로운 친구를 사귀고 영어 실력을 키울 수 있어요. 예를 들면 팀원들과 영어로 전략을 논의하면서 게임을 즐길 수 있답니다.

전략 3 : 자주 여행하기

자주 여행 다니면서 다양한 문화와 사람들을 만나보세요. 여행을 통해 영어를 실제로 사용할 기회를 많이 가질 수 있어요.

어떻게 시작하나요?

1. 단기 여행 계획하기

주말이나 휴가를 이용해 단기 여행을 계획해보세요. 예를 들어, 가까운 다른 나라나 국내에서도 관광객이 많은 도시(서울 이태원, 부산 해운대)를 방문해보세요.

2. 여행 중 현지인과 교류하기

여행 중 현지인과 교류하면서 영어를 사용해보세요. 로컬 가이드 투어나 호스텔의 공용 공간을 이용해 다양한 사람들과 대화해보세요. 예를 들면 게스트하우스에서 만난 외국인 여행자와 함께 도시를 탐험해볼 수도 있습니다.

3. 여행 경험 기록하기

여행 중 겪은 경험을 영어로 기록해보세요. 블로그나 SNS에 영어로 여행 후기를 남기면서 글쓰기 실력을 키울 수 있어요. 예를 들면 인스타그램에 영어로 여행 일기를 쓰면서 추억을 기록할 수 있습니다.

전략 4 : 한국 내 게스트하우스 방문하기

한국 내 게스트하우스를 방문해 외국인 여행자들과 교류해보세요. 게스트하우스는 다양한 국적의 여행자들이 모이는 곳이라 영어를 사용할 기회가 많아요.

어떻게 시작하나요?

1. 게스트하우스 예약하기

외국인 여행객들이 많이 찾는 게스트하우스를 예약해보세요. 서울, 부산, 제주 같은 관광지에는 좋은 게스트하우스가 정말 많답니다. 예를 들면 서울의 홍대나 이태원에 위치한 게스트하우스를 찾아보세요.

2. 공용 공간에서 대화하기

게스트하우스의 공용 공간에서 외국인 여행자들과 대화를 나눠보세요. 다양한 사람들과의 대화를 통해 영어 실력이 자연스럽게 늘 거예요. 예를 들면 공용 주방에서 함께 요리하면서 대화를 나눌 수도 있습니다.

3. 게스트하우스 이벤트 참여하기

게스트하우스에서 진행하는 이벤트나 파티에 참여해보세요. 다양한 국적의 사람들과 어울리면서 영어를 사용해보세요. 예를 들면 게스

트하우스에서 주최하는 바비큐 파티나 문화 교류 이벤트에 참여해서

친구를 사귈 수도 있습니다.

ABC

유튜브로 혼자 영어 공부하는 방법 :
알고리즘을 활용한 학습 전략

유튜브는 영어 공부에 있어 훌륭한 도구입니다. 유튜브에서는 무료로 다양한 콘텐츠를 접할 수 있고, 자신의 수준에 맞는 영상을 선택할 수 있습니다. 이 장에서는 유튜브를 활용해 혼자서 영어 공부하는 방법과 그때 사용하기 좋은 추천 채널들을 소개하겠습니다.

전략 1 : 영어 학습 채널 구독하기

영어 학습에 특화된 유튜브 채널을 구독하면 체계적으로 영어를 공부할 수 있습니다. 채널마다 다양한 학습 자료를 제공하므로 꾸준히 시청하는 것이 좋습니다.

추천 채널

1. BBC Learning English

영국의 방송사 BBC에서 제공하는 영어 학습 채널로, 뉴스, 드라마, 생활 영어 등 다양한 콘텐츠를 제공합니다. 초보자부터 숙련자까지 모두에게 유용합니다. 특히 다양한 콘텐츠 중 '6 Minute English' 시리즈는 짧고 유익한 영어 표현을 배우기 좋습니다.

6 Minute English 영상 중 하나   (출처 : 유튜브 채널 BBC Learning English)

2. EngVid

다양한 강사들이 제공하는 영어 강의를 무료로 시청할 수 있습니다. 문법, 어휘, 발음 등 다양한 주제에 관해 이야기합니다.

추천 : 강사 Adam의 문법 강의를 통해 영어 문법을 체계적으로 학습할 수 있습니다.

링크 : https://www.youtube.com/channel/UC_0NfufarVw04vDfWFm8z_Q

3. Rachel's English

발음 교정에 특화된 채널로, 미국 영어 발음을 정확하게 배우고 싶다면 이 채널을 추천합니다.

추천 : 'How to Pronounce' 시리즈를 통해 특정 단어의 발음을 정확하게 익힐 수 있습니다.

링크 : https://www.youtube.com/@rachelsenglish

전략 2 : 흥미로운 주제로 공부하기

자신이 흥미를 가지는 주제로 영어를 공부하면 더 재미있게 배울 수 있습니다. 관심 있는 주제의 콘텐츠를 통해 자연스럽게 영어 실력을 키워보세요.

추천 채널

1. CrashCourse

다양한 학문 분야를 영어로 쉽게 설명해주는 채널입니다. 역사, 과학, 경제 등 여러 분야의 지식을 영어로 배울 수 있습니다.

추천 : 'Big History' 시리즈를 통해 영어로 세계 역사를 공부할 수 있습니다.

링크 : https://www.youtube.com/@crashcourse

2. RealLife English

일상생활에서 사용하는 영어 표현을 배우고 싶다면 이 채널을 추천합니다. 실제 상황에서 유용한 표현들을 배울 수 있습니다.

추천 : 'RealLife TV' 시리즈를 통해 실제 대화에서 자주 사용하는 표현들을 익힐 수 있습니다.

링크 : https://www.youtube.com/@RealLifeEnglish1

전략 3 : 반복해서 듣고 따라 하기

유튜브 영상은 반복해서 듣고 따라 하기 좋은 자료입니다. 영상을 통한 반복 학습으로 영어 실력을 빠르게 향상시킬 수 있습니다.

추천 채널

1. English Addict with Mr. Duncan

재미있고 유쾌한 방식으로 영어를 가르치는 채널입니다. 반복해서 들으며 자연스럽게 영어를 익힐 수 있습니다.

추천 : 매주 라이브로 진행되는 강의를 통해 영어를 즐겁게 배울 수 있습니다.

링크 : https://www.youtube.com/@EnglishAddict

2. Learn English with TV series

인기 TV 시리즈를 통해 영어를 배우는 채널입니다. 인기 시리즈의 재미있는 장면을 보며 자연스레 영어 표현을 익힐 수 있습니다.

추천 : TV 시리즈 <Modern Family> 속 장면을 통해 자연스러운 대화 표현을 배울 수 있습니다.

링크 : https://m.site.naver.com/1AZt4

전략 4 : 실전 활용하기

유튜브에서 배운 내용을 실제로 활용해보세요. 영어 실력은 실전에서 사용해야 진짜로 향상됩니다.

추천 채널

1. Daily English Conversation

실생활에서 바로 사용할 수 있는 영어 표현을 배우고 싶다면 이 채널을 추천합니다. 여기서는 다양한 상황별 영어 대화를 제공합니다.

추천 : 'Everyday Practice English' 시리즈를 통해 일상 대화를 연습할 수 있습니다.

링크 : https://www.youtube.com/@DailyEnglishConversation

2. Interactive English

다양한 상호작용형 콘텐츠를 통해 영어를 배우는 채널입니다. 퀴즈, 게임, 인터뷰 등 다양한 형식을 통해 영어를 재미있게 배울 수 있습니다.

추천 : 'English Quiz' 시리즈를 통해 퀴즈를 풀며 영어를 배울 수 있습니다.

링크 : https://www.youtube.com/@InteractiveEng

3. Learn English with Let's Talk

실전에서 유용한 영어 표현을 배우고 싶다면 이 채널을 추천합니다. 다양한 상황별 영어 표현을 배우고 실전에서 활용할 수 있습니다.

추천 : 'English Speaking Practice' 시리즈를 통해 실제 대화에서 자주 사용하는 표현들을 연습할 수 있습니다.

링크 : https://www.youtube.com/@letstalk

ABC

나이가 들면 영어를 배울 수 없다? : 뇌 과학이 밝힌 충격적 진실

영어 학습의 잘못된 신화들

많은 사람들이 성인이 되면 새로운 언어를 배우기 힘들다고 생각합니다. 어느 정도는 사실이겠지만, 오히려 성인이 되어 언어를 배울 때 장점들도 있습니다.

1. 이미 존재하는 언어 지식

여러분은 이미 한 가지 이상의 언어를 완벽하게 구사하고 계시잖아요? 새로운 언어를 배울 때 이 점은 큰 도움이 됩니다. 언어의 구조와 규칙을 이해하는 데 있어서 유리하죠.

2. 분석적 사고 능력

성인은 복잡한 문법 구조와 언어 규칙을 더 잘 이해하고 분석할 수 있습니다. 2010년 발표된 이스라엘 하이파 대학(University of Haifa)의 사라 페르만(Sara Ferman) 등 연구자들의 연구에 따르면 성인을 8세, 12세의 아동과 비교했을 때, 성인이 언어의 구조를 파악하는 데 더 큰 이점이 있는 것으로 나타났다고 합니다. 이를 통해 우리는 성인이 언어의 규칙을 습득하고, 언어를 학습하는 데 확실한 이점이 있음을 알 수 있습니다.

3. 동기 부여

또한 성인은 자신이 왜 언어를 배우려는지 명확한 동기 부여가 있어서 학습에 더욱 집중할 수 있습니다.

나이에 따른 학습의 차이와 극복 방법

그래도 걱정이 된다면 세월을 극복할 방법을 찾아봅시다. 성인 학습자가 어린 학습자와 다른 점은 학습 환경과 방법에 있다고 합니다. 그런데 성인들의 장점은 자신의 시간과 자원을 어떻게 사용할지 스스로 결정할 수 있다는 점에 있습니다. 자신에게 맞는, 더 효과적인 학습 전략을 세울 수 있죠. 저의 대전략은 이렇습니다.

1. 목표 설정

명확한 목표를 설정하면 학습 동기를 유지하는 데 큰 도움이 됩니다. 예를 들어, 여행 중 썸남이랑 데이트하기를 목표로 삼아보세요. 혹은 '이번 여행에서는 현지인과 대화를 나눠보겠다'거나 '영어로 길을 물어보겠다'처럼 구체적인 목표를 세우면 학습 동기가 생깁니다. 목표를 달성할 때마다 자신감이 쌓이고, 영어 실력도 점점 향상될 것입니다.

2. 실생활에서의 활용

일상생활에서 영어를 사용할 기회를 늘리면 자연스럽게 언어 능력이 향상됩니다. 영어로 된 뉴스, 영화, 책 등을 접하는 것도 좋은 방법입니다. 예를 들어, 영어로 된 영화를 자막 없이 보거나, 영어 뉴스 사이트에서 기사를 읽어보세요.

처음에는 어려울 수 있지만, 점차 익숙해지면서 영어 실력이 향상될 것입니다. 또한, 영어로 된 음악을 듣고 가사를 따라 부르는 것도 좋은 방법입니다.

3. 언어 교환 파트너

언어 교환 파트너를 통해 실제 대화 연습을 할 수 있어요. 이는 자신감을 키우고 실전에서 유용한 표현을 배우는 데 큰 도움이 됩니다. 예를 들어, 언어 교환 앱이나 커뮤니티를 통해 파트너를 찾고, 주기적으로 대화를 나눠보세요. 서로의 언어를 가르쳐주고 배우면서 자연스럽게 영어 실력이 향상될 것입니다. 언어 교환 파트너와의 대화는 앞서 말했듯이 실전 회화 감각을 익히는 데 큰 도움이 됩니다.

ABC

그래도 안 되는 경우 :
마지막 비상 탈출구

여러분, 여기까지 모두 보고 따라 했는데도 안 되나요? 이 장에서는 그런 좌절감을 극복하는 방법과 실질적인 해결책을 소개하겠습니다. 단, 이 방법들을 실행하는 것에 대해서는 제가 책임져 줄 수 없으니, 신중하게 생각하고 실행해보세요!

전략 1 : 무작정 해외로 나가라

아무리 공부해도 영어가 늘지 않는다고요? 그럼 그냥 무작정 해외로 나가세요. 영어를 쓸 수밖에 없는 환경에 던져지면 영어를 배울 수밖에 없답니다.

어떻게 시작하나요?

1. 비행기 표 끊기

일단 비행기 표부터 끊어보세요. 어디로 갈지 정하지 말고, 그냥 가장 저렴한 항공권을 찾아서 가세요. "저기요, 여기 제일 싼 비행기 표 하나 주세요!"라고 말하고 그 자리에서 바로 결제하세요.

2. 도착 후 계획은 없다

목적지에 도착하면 계획 없이 살아보세요. 길거리에서 만난 사람들과 대화하고, 현지인들이 가는 곳에서 식사해보세요. 영어 실력이 자연스럽게 성장할 거예요. "저기요, 이 근처에 맛집 있나요?"라고 물어보세요. 정 힘들면 스케치북에 영어로 'TALK TO ME IN ENGLISH'라고 써놓고 서 계세요. 누구든, 한 번쯤은 당신에게 말을 걸어올 겁니다.

전략 2 : 회사 그만두고, 학교 그만둬라

회사나 학교 때문에 당장 떠날 수 없다고요? 그럼 과감하게 그만두세요. 영어를 잘하게 되면 더 좋은 회사, 더 좋은 학교로 갈 수 있을 거예요. 제 미래가 아니라고 막말한다고요? 맞습니다. 저는 잘 하지 못했어요.

저는 BBC를 퇴사할 때, 겁쟁이처럼 1년간 고민하다가 '에라 모르겠다!' 하고 질렀던 경험이 있어요. 그 이후로 모아놓은 돈을 다 쓰고 '아, 괜히 퇴

사했나?' 1초 정도 후회를 하긴 했는데. 결과적으로는 잘됐다고 합리화하고 있어요. 여러분도 아마 그렇게 될 거예요.

어떻게 시작하나요?

1. 사표 쓰기

회사가 지긋지긋하다면 사표를 쓰세요. 사장님께 "영어 공부를 위해, 회사 그만두겠습니다"라고 당당하게 말하세요. 예를 들면, "사장님, 저 영어를 마스터하려고요. 회사는 이제 그만두겠습니다"라고 말해보세요. 사장님이 "영어 마스터하고 다시 와서 일해라"라고 할지 누가 알아요?

2. 학교 휴학하기

학교가 너무 힘들다면 휴학을 신청하세요. 교수님께 "영어 공부에 집중하기 위해 휴학하겠습니다"라고 말씀드리세요. 아니면 "교수님, 저는 영어를 배우러 떠납니다. 잘 다녀올게요!"라고 말해보세요. 그리고 교수님께서 나중에 영어 배워서 대학원에 오라고 할지 누가 알겠어요? (물론, 저의 경험상 이건 피해야 해요.)

3. 시간을 영어에 투자하기

회사를 그만두고, 학교를 그만둔 후에는 영어 공부에 모든 시간을 투자하세요. 매일 영어로 된 책을 읽고, 영화를 보며, 외국인 친구를 사귀어보세요. 예를 들면 하루에 10시간씩 영어에 몰두해보세요. 그럼 다른 일은 언제 하냐고요? 영어에 1년 정도 투자하는 것은 진짜 갓성비 투자라고 봐요. 왜냐하면 영어를 잘하는 것은 친구를 사귀는 일, 직장을 구하는 일, 심지어 배우자를 고르는 일에 있어서까지 모든 옵션을 10배 이상 넓혀주는 일이잖아요.

여러분에게 여전히 영어가 어려울 수도 있을 것 같아서 농담 반 진담 반으로 극단적인 방법들을 적어봤어요. 한 귀로 듣고 한 귀로 흘리셔도 돼요. 대신 진짜 마지막까지 안 된다 싶으면 해보고 꼭 제게 DM 주세요. 그 놀라운 이야기를 SNS에 공유하겠습니다!

Part 2

실전 · 여행 영어회화,
달달 외우기

ABC

공항에서 :
첫 해외여행 가기

기본 표현

- "여권을 보여주세요."

  "May I see your passport, please?"

- "수하물이 있으신가요?"

  "Do you have any luggage to check in?"

- "탑승권을 발급해드리겠습니다."

  "Here's your boarding pass."

체크인 과정

체크인 카운터에서

- "어디로 가시나요?"

  "Where are you flying to?"

- "창가 좌석으로 해드릴까요?"

  "Would you like a window seat?"

- "수하물 초과 요금이 있습니다."

  "There's an excess baggage fee."

보안 검색대에서

- "전자기기는 별도로 꺼내주세요."

  "Please remove your electronic devices."

- "액체류는 100ml 이하만 가능합니다."

  "Liquids must be 100ml or less."

비즈니스 라운지

- "라운지 이용권을 보여주세요."

  "May I see your lounge access pass?"

- "무료 와이파이 비밀번호는 여기 있습니다."

  "Here's the free Wi-Fi password."

탑승구에서

• "탑승이 지연되고 있습니다."

"The boarding is delayed."

• "우선 탑승 고객부터 모시겠습니다."

"We will now begin priority boarding."

기내에서

• "안전벨트를 매주시기 바랍니다."

"Please fasten your seatbelt."

• "기내식으로는 치킨과 파스타가 있습니다."

"The meal choices are chicken or pasta."

실전 영어회화

체크인 카운터에서

A : Good morning. Where are you flying to today?

B : I'm flying to New York.

A : May I see your passport, please?

B : Here you go.

A : Thank you. Do you have any luggage to check in?

B : Yes, I have one suitcase.

A : Please place it on the scale. It's slightly overweight.
There's an excess baggage fee of $50.

B : I see. I'll pay by credit card.

A : Alright. Here's your boarding pass. Your gate number is
15, and boarding starts at 10:30 AM.

B : Thank you very much.

A : 안녕하세요. 오늘 어디로 가시나요?

B : 뉴욕으로 갑니다.

A : 여권을 보여주시겠어요?

B : 여기 있습니다.

A : 감사합니다. 부치실 수하물이 있나요?

B : 네, 가방 한 개가 있습니다.

A : 저울 위에 올려주세요. 무게가 약간 초과되었네요.

　　50달러의 초과 요금이 있습니다.

B : 알겠습니다. 신용카드로 결제하겠습니다.

A : 좋습니다. 여기 탑승권입니다. 탑승구는 15번이고,

　　탑승은 오전 10시 30분에 시작됩니다.

B : 감사합니다.

공항 이용 TIP

공항에 일찍 도착해서 여유 있게 체크인하세요.
보안 검색대를 통과할 때는 금속 물품을 미리 꺼내두세요.
탑승구 번호와 탑승 시간을 수시로 확인하세요.
공항이나 비행기에서 비상구 위치를 항상 체크하세요.

영어	한국어
passport	여권
luggage	수하물
boarding pass	탑승권
check in	체크인하다
flight	항공편
window seat	창가 좌석
excess baggage fee	수하물 초과 요금
security checkpoint	보안 검색대
electronic devices	전자기기
lounge	라운지
Wi-Fi password	와이파이 비밀번호
boarding	탑승
delay	지연
priority boarding	우선 탑승
seat belt	안전띠
meal choice	기내식 선택

ABC

기내에서 :
비행 중 필요한 영어 표현

기본 표현

- "담요를 주실 수 있나요?"

  "Could I have a blanket, please?"

- "물 좀 주시겠어요?"

  "Could I have some water, please?"

- "화장실은 어디인가요?"

  "Where is the restroom?"

- "언제 도착하나요?"

  "What time will we arrive?"

입국 신고서 작성 팁

- Full Name – 여권에 적힌 이름을 그대로 작성합니다.
- Date of Birth – 생년월일을 월/일/연도 순으로 기재합니다.
- Nationality – 국적을 입력합니다(예 : Korean).
- Purpose of Visit – 방문 목적에 맞게 'Leisure'(여행) 또는 'Business'(업무)를 체크합니다.
- Address in Country – 체류 중인 호텔이나 숙소 주소를 작성합니다.

QR코드 인식으로
mp3 파일 듣기!

실전 영어회화

예시 대화 1 : 음식 관련 요청

A : Excuse me, could I have a vegetarian meal instead of the regular one?

B : Let me check if we have any available. Just a moment.

(Later)

B : Yes, we have a vegetarian option. Here you go.

A : Thank you very much. Also, could I have some water, please?

B : Of course. Would you like ice with that?

A : No, just plain water is fine.

A : 저기요, 일반 식사 대신 채식 식사로 바꿔주실 수 있나요?

B : 가능한지 확인해보겠습니다. 잠시만요.

(잠시 후)

B : 네, 채식 식사가 있습니다. 여기요.

A : 정말 감사합니다. 물도 한 잔 주시겠어요?

B : 물론이죠. 얼음도 넣어드릴까요?

A : 아니요, 그냥 물만 주세요.

예시 대화 2 : 비행 스케줄 문의

A : Excuse me, what time will we be landing in New York?

B : We're scheduled to land around 6 PM local time.

A : Great, thank you.

And will there be any delay due to weather?

B : Currently, everything is on schedule, but we'll keep you

updated if anything changes.

A : Thank you for the information.

A : 저기요, 뉴욕에 몇 시에 도착하나요?

B : 현지 시간으로 오후 6시쯤 도착할 예정입니다.

A : 감사합니다. 날씨 때문에 지연될 가능성은 없나요?

B : 현재로서는 모든 일정이 예정대로 진행되고 있지만,

변경 사항이 생긴다면 알려드리겠습니다.

A : 안내 감사합니다.

예시 대화 3 : 자리 변경 요청

A : Excuse me, is it possible to switch seats to an aisle seat?

B : Let me check if there's an aisle seat available.

One moment, please.

(Later)

B : We do have an aisle seat in the same section.

Would you like to switch to that seat?

A : Yes, that would be great. Thank you so much!

A : 저기요, 통로 좌석으로 자리를 바꿀 수 있을까요?

B : 통로 좌석이 있는지 확인해보겠습니다. 잠시만요.

(잠시 후)

B : 같은 구역에 통로 좌석이 하나 있습니다.

그 좌석으로 바꾸시겠어요?

A : 네, 정말 감사합니다!

영어	한국어
seat belt	안전띠
tray table	접이식 테이블
aisle seat	통로 좌석
window seat	창가 좌석
turbulence	난기류
in-flight meal	기내식
landing	착륙
take-off	이륙
restroom	화장실
blanket	담요
delay	지연되다
on schedule	(일이) 예정대로 진행되다~
switch seat	자리를 바꾸다

ABC

호텔에서 1 :
객실 예약하기

기본 표현

- "예약하고 싶습니다."

  "I'd like to make a reservation."

- "체크인하고 싶습니다."

  "I'd like to check in."

- "체크아웃하고 싶습니다."

  "I'd like to check out."

- "불편한 점이 있습니다."

  "I have a complaint."

예약 과정

온라인 예약

• "예약 확인 이메일을 받지 못했습니다."

"I haven't received a confirmation email."

• "예약을 변경하고 싶습니다."

"I'd like to modify my reservation."

전화 예약

• "객실 이용 가능 여부를 확인하고 싶습니다."

"I'd like to check room availability."

• "특별 요청사항이 있습니다."

"I have a special request."

체크인 과정

• "예약자 성함이 어떻게 되십니까?"

"What name is the reservation under?"

• "신분증을 보여주시겠습니까?"

"May I see your ID, please?"

• "결제는 어떤 방식으로 하시겠습니까?"

"How would you like to pay?"

객실 서비스

- "수건을 더 주실 수 있나요?"

  "Could I have some extra towels?"

- "룸서비스를 주문하고 싶습니다."

  "I'd like to order room service."

- "방 청소를 요청하고 싶습니다."

  "I'd like to request housekeeping."

체크아웃 과정

- "체크아웃 시간이 몇 시인가요?"

  "What time is check-out?"

- "늦은 체크아웃이 가능한가요?"

  "Is a late check-out possible?"

- "미니바 이용 내역이 있으신가요?"

  "Did you use anything from the minibar?"

실전 영어회화

호텔 예약 시

A : Good morning. I'd like to make a reservation for next week.

B : Certainly. For which dates are you looking to stay?

A : I'm planning to arrive on the 15th and leave on the 18th.

B : Let me check our availability. Yes, we have rooms available for those dates. What type of room would you prefer?

A : A double room with a view, if possible.

B : We have a deluxe double room with a city view available. Would that suit your needs?

A : That sounds perfect. How much is it per night?

B : The rate is $200 per night, breakfast included.

A : Great, I'll take it. Can I also request a late check-out on the last day?

B : Certainly, I've noted your request for a late check-out. We'll do our best to accommodate that, subject to availability on the day.

A : 안녕하세요. 다음 주에 방을 예약하고 싶습니다.

B : 네, 어느 날짜로 예약하시겠습니까?

A : 15일에 체크인해서 18일에 체크아웃 할 예정입니다.

B : 가능 여부를 확인해보겠습니다. 네, 해당 날짜에 객실이 있습니다. 어떤 유형의 객실을 원하십니까?

A : 가능하다면 전망 좋은 더블룸으로 부탁드립니다.

B : 시티뷰가 있는 디럭스 더블룸이 있습니다. 이것으로 괜찮으신가요?

A : 완벽해요. 1박에 얼마인가요?

B : 1박에 200달러로, 조식이 포함되어 있습니다.

A : 좋아요, 그걸로 하겠습니다. 마지막 날 늦은 체크아웃도 요청할 수 있을까요?

B : 물론이죠, 늦은 체크아웃 요청을 기록해두었습니다. 당일 상황에 따라 최선을 다해 도와드리겠습니다.

영어	한국어
reservation	예약
check-in	체크인
check-out	체크아웃
complaint	불만, 컴플레인
availability	이용 가능 여부
room type	객실 유형
rate	요금
minibar	미니바
housekeeping	객실 청소
late check-out	늦은 체크아웃
ID	신분증
payment method	결제 방식
room service	룸서비스
extra	추가의
inconvenience	불편
apology	사과
request	요청
confirm	확인하다
modify	수정하다
accommodate	수용하다

ABC

호텔에서 2 :
컴플레인 하기

기본 표현

- "제 방에 문제가 있습니다."

  "I have a problem with my room."

- "이것은 제가 기대한 것과 다릅니다."

  "This isn't what I expected."

- "매니저와 이야기하고 싶습니다."

  "I'd like to speak to the manager."

- "이것은 받아들일 수 없습니다."

  "This is unacceptable."

주요 컴플레인 상황

청결 문제

- "방이 제대로 청소되지 않았습니다."

  "The room hasn't been cleaned properly."

- "침대 시트에 얼룩이 있습니다."

  "There are stains on the bedsheets."

소음 문제

- "방이 너무 시끄럽습니다."

  "The room is too noisy."

- "옆방 소리가 다 들립니다."

  "I can hear everything from the next room."

시설 문제

- "에어컨이 작동하지 않습니다."

  "The air conditioning isn't working."

- "샤워기에서 온수가 나오지 않습니다."

  "The shower doesn't have hot water."

서비스 문제

- "룸서비스를 1시간 넘게 기다리고 있습니다."

"I've been waiting for room service for over an hour."

• "그 직원이 저에게 무례했습니다."

"The staff was rude to me."

예약 문제

• "이건 제가 예약한 객실 유형이 아닙니다."

"This isn't the room type I booked."

• "제가 들은 요금보다 더 많이 청구되었습니다."

"You charged me more than the rate I was quoted."

QR코드 인식으로
mp3 파일 듣기!

실전 영어회화

객실 문제 컴플레인

A : Excuse me, I'd like to speak with someone about a problem in my room.

B : I'm sorry to hear that. What seems to be the issue?

A : The air conditioning in my room isn't working properly. It's very hot and uncomfortable.

B : I apologize for the inconvenience. Let me send someone

from maintenance to check it right away.

A : Thank you, but I've been in the room for several hours now. Is it possible to change to another room?

B : Of course, I understand. Let me check if we have another room available. Can you give me a moment?

A : Certainly, thank you.

B : Thank you for waiting. We have a similar room on the 5th floor. Would you like to take a look at it?

A : Yes, that would be great.

B : Excellent. I'll have someone escort you to the new room right away. Again, I'm very sorry for the trouble.

A : I appreciate your help. Thank you for addressing this quickly.

한국어 번역

A : 실례합니다. 제 방에 문제가 있어서 누군가와 이야기하고 싶습니다.

B : 유감입니다. 어떤 문제인가요?

A : 제 방의 에어컨이 제대로 작동하지 않습니다. 매우 덥고 불편

합니다.

B : 불편을 끼쳐 죄송합니다. 즉시 유지보수 직원을 보내 확인하

도록 하겠습니다.

A : 감사합니다만, 이미 몇 시간 동안 이 방에 있었습니다. 다른 방

으로 바꿀 수 있을까요?

B : 물론이죠, 이해합니다. 다른 방이 있는지 확인해보겠습니다.

잠시만 기다려주시겠습니까?

A : 네, 감사합니다.

B : 기다려주셔서 감사합니다. 5층에 비슷한 방이 있습니다.

한번 보시겠습니까?

A : 네, 그러면 좋겠습니다.

B : 좋습니다. 즉시 직원을 보내 새 방으로 안내해드리겠습니다.

다시 한번 불편을 끼쳐 죄송합니다.

A : 도와주셔서 감사합니다. 빠르게 대응해주셔서 고맙습니다.

영어	한국어
complaint	불만, 컴플레인
issue	문제
unacceptable	받아들일 수 없는
inconvenience	불편
maintenance	유지보수
malfunction	고장
cleanliness	청결
stain	얼룩
charge	청구하다
quote	(견적을) 낸, 잡은
noise	소음
refund	환불
compensation	보상
upgrade	업그레이드
apology	사과
resolve	해결하다
dissatisfied	불만족한
expectation	기대
disruption	방해
rectify	바로잡다
accommodate	수용하다
escalate	(문제를) 상부에 전달하다
amenities	편의 시설/제품
escort	안내하다

ABC

식당에서 1 :
메뉴 주문하기

기본 표현

- "테이블 예약했습니다."

  "I have a reservation."

- "창가 자리로 부탁드립니다."

  "Could we have a table by the window, please?"

- "메뉴 좀 볼 수 있을까요?"

  "Could I see the menu, please?"

- "오늘의 특선 요리가 뭔가요?"

  "What's today's special?"

- "주문하시겠습니까?"

"Are you ready to order?"

- "계산서 부탁드립니다."

   "Could we have the bill, please?"

메뉴 주문하기

메뉴 선택

- "추천 메뉴가 있나요?"

   "What do you recommend?"

- "이 요리에는 무엇이 들어가나요?"

   "What's in this dish?"

- "알레르기가 있어서요. 이 음식에 땅콩이 들어가나요?"

   "I have an allergy. Does this contain peanuts?"

- "채식주의자용 메뉴가 있나요?"

   "Do you have any vegetarian options?"

- "이 요리는 매운가요?"

   "Is this dish spicy?"

주문하기

- "저는 스테이크로 하겠습니다."

   "I'll have the steak."

- "미디엄으로 구워주세요."

  "I'd like it cooked medium, please."

- "샐러드를 곁들여주세요."

  "I'd like a salad on the side."

- "드레싱은 따로 주세요."

  "Could I have the dressing on the side?"

- "물은 탄산수로 부탁드립니다."

  "I'd like sparkling water, please."

식사 중

- "후추 좀 더 주시겠어요?"

  "Could I have some more pepper, please?"

- "포크를 하나 더 주시겠어요?"

  "Could I have another fork, please?"

- "이 요리는 차갑네요."

  "This dish is cold."

- "와인 한 병 더 주문해도 될까요?"

  "Could we order another bottle of wine?"

- "디저트 메뉴 좀 볼 수 있을까요?"

  "May we see the dessert menu, please?"

특별한 요청

- "아이용 의자가 필요합니다."

  "We need a high chair for our child."

- "저는 알레르기가 있어서 해산물은 피해야 합니다."

  "I need to avoid seafood due to allergies."

- "글루텐 프리 옵션이 있나요?"

  "Do you have any gluten-free options?"

- "이 요리를 반으로 나눠주실 수 있나요?"

  "Could you split this dish for us?"

계산 및 팁

- "따로 계산해주시겠어요?"

  "Could we have separate checks, please?"

- "팁이 포함되어 있나요?"

  "Is the tip included?"

- "카드로 결제할 수 있나요?"

  "Can I pay by card?"

- "현금으로 결제해도 될까요?"

  "Is it okay if I pay in cash?"

- "영수증 주시겠어요?"

  "Could I have a receipt, please?"

QR코드 인식으로
mp3 파일 듣기!

실전 영어회화

메뉴 주문

Customer : Excuse me, the steak is a bit undercooked for me. Could you have it cooked a little more?

Waiter : I'm so sorry about that. Of course, I'll take it back to the kitchen right away.

Customer : Thank you. Also, could we see the dessert menu when you have a moment?

Waiter : Certainly. I'll bring the dessert menu along with your steak when it's ready.

(Later)

Waiter : Here's your steak, cooked a bit more. Is this better?

Customer : Yes, this is perfect. Thank you.

Waiter : Excellent. And here's the dessert menu. Our chef's special today is the chocolate lava cake.

Customer : That sounds delicious. We'll have one to share, please.

Waiter : Great choice. I'll bring that out shortly.

손님 : 실례합니다. 스테이크가 제게는 좀 덜 익은 것 같아요.

조금 더 익혀주실 수 있나요?

웨이터 : 정말 죄송합니다. 물론이죠, 즉시 주방으로 가져가겠습니다.

손님 : 감사합니다. 그리고 시간 되실 때 디저트 메뉴도 볼 수 있을까요?

웨이터 : 물론입니다. 스테이크가 준비되면 디저트 메뉴와 함께 가져오겠습니다.

(잠시 후)

웨이터 : 여기 조금 더 익힌 스테이크입니다. 이 정도면 괜찮으신가요?

손님 : 네, 이제 완벽해요. 감사합니다.

웨이터 : 다행입니다. 그리고 여기 디저트 메뉴입니다.

오늘의 셰프 특선은 초콜릿 라바 케이크입니다.

손님 : 맛있겠네요. 하나 주문해서 나눠 먹겠습니다.

웨이터 : 좋은 선택입니다. 곧 가져다드리겠습니다.

핵심 단어 정리

영어	한국어
reservation	예약
allergy	알레르기
sparkling water	탄산수
vegetarian	채식주의자
spicy	매운
medium (steak)	미디엄 (스테이크)
dressing	드레싱
dessert	디저트
high chair	아이용 의자
gluten-free	글루텐 프리
split (a dish)	(요리를) 나누다
undercooked	덜 익은
receipt	영수증
chef's special	셰프 특선 요리

ABC

식당에서 2 :
요구 사항 말하기

기본 표현

- "저는 [음식]에 알레르기가 있습니다."

  "I'm allergic to [food]."

- "저는 [음식]을 먹을 수 없습니다."

  "I can't eat [food]."

- "저는 비건/채식주의자입니다."

  "I'm vegan/vegetarian."

- "이 음식에 [알레르기 유발 물질]이 들어있나요?"

  "Does this contain [allergen]?"

- "이 음식을 [재료] 없이 만들 수 있나요?"

"Can you make this without [ingredient]?"

- "저는 유당불내증이 있습니다."

  "I'm lactose intolerant."

- "저는 유제품을 소화하지 못합니다."

  "I can't digest dairy products."

- "저는 저염 식단을 하고 있습니다."

  "I'm on a low-sodium diet."

주요 상황별 표현

알레르기 정보 전달

- "저는 견과류에 심한 알레르기가 있습니다. 이 요리를 먹어도 괜찮을까요?"

  "I have a severe allergy to nuts. Is this dish safe for me?"

- "저는 갑각류 알레르기 때문에 에피펜(알레르기 응급 주사)을 가지고 다닙니다. 이 요리에 해산물이 들어있나요?"

  "I carry an EpiPen for my shellfish allergy. Is there any seafood in this dish?"

메뉴 문의

- "글루텐 프리 요리 옵션은 어떤 것들이 있나요?"

"What are my options for gluten-free dishes?"

• "유제품이 들어가지 않은 대체 옵션이 있나요?"

"Do you have any dairy-free alternatives?"

• "비건에게 적합한 에피타이저를 추천해주실 수 있나요?"

"Can you recommend any vegan-friendly appetizers?"

• "메뉴에 저탄수화물 옵션이 있나요?"

"Are there any low-carb options on the menu?"

요리 변경 요청

• "이 샐러드에 크루통 빼고 주문할 수 있을까요?"

"Can I have this salad without the croutons, please?"

• "소스를 따로 받을 수 있을까요?"

"Is it possible to get the sauce on the side?"

• "일반 파스타를 글루텐 프리 파스타로 대체할 수 있나요?"

"Could you substitute the regular pasta with gluten-free pasta?"

• "이 요리에 소금을 추가하지 않고 만들어주실 수 있나요?"

"Can you prepare this dish without any added salt?"

주의사항 확인

• "튀김기를 육류와 채소 제품 모두에 사용하시나요?"

"Are your fryers used for both meat and vegetable products?"

• "주방에서 견과류 오염의 위험이 있나요?"

"Is there any risk of nut contamination in your kitchen?"

• "글루텐 프리 음식을 준비할 때 별도의 조리도구를 사용하시나요?"

"Do you use separate utensils for preparing gluten-free meals?"

QR코드 인식으로
mp3 파일 듣기!

실전 영어회화

식당에서 알레르기 정보 전달하기

A : Good evening. Are you ready to order?

B : Hi, before I order, I need to let you know that I have a severe peanut allergy. Can you tell me which dishes are safe for me?

A : I understand. Let me check with the kitchen to be sure. Is it just peanuts or all nuts?

B : It's specifically peanuts, but I prefer to avoid all nuts to be safe.

A : Got it. I'll make sure the kitchen is aware. Our grilled chicken dish is usually safe, as we don't use any nuts in its preparation. Would you like me to confirm that for you?

B : Yes, please. That would be great.

A : Certainly. I'll be right back after I check with the chef.

(A few moments later)

A : I've confirmed with the chef that the grilled chicken is completely peanut and nut-free. We'll also make sure to prepare it in a separate area to avoid any cross-contamination.

B : Thank you so much for taking this seriously. I'll have the grilled chicken then.

A : You're welcome. We want to ensure your safety and enjoyment. Is there anything else I can help you with?

B : Actually, yes. Do you have any dairy-free dessert options?

A : Yes, we do. We have a vegan chocolate mousse and a fruit sorbet that are both dairy-free.

B : The fruit sorbet sounds perfect. I'll have that for dessert, please.

A : Excellent choice. I'll put your order in right away. Please don't hesitate to ask if you need anything else.

B : Thank you for your help and understanding.

A : 안녕하세요. 주문하시겠습니까?

B : 네, 그전에 말씀드릴 게 있어요. 저는 땅콩에 심한 알레르기가 있습니다. 제가 안전하게 먹을 수 있는 요리가 어떤 것들이 있는지 알려주실 수 있나요?

A : 알겠습니다. 주방에 확인해보겠습니다. 땅콩만 해당되나요, 아니면 모든 견과류에 알레르기가 있나요?

B : 특히 땅콩이지만, 안전을 위해 모든 견과류를 피하고 싶습니다.

A : 알겠습니다. 주방에 꼭 알리도록 하겠습니다. 저희의 그릴드 치킨 요리는 보통 안전합니다. 준비 과정에서 어떤 견과류도 사용하지 않거든요. 확인해드릴까요?

B : 네, 부탁드립니다. 그렇게 해주시면 감사하겠습니다.

A : 알겠습니다. 셰프에게 확인하고 곧 돌아오겠습니다.

(잠시 후)

A : 셰프에게 확인했습니다. 그릴드 치킨에는 땅콩과 견과류가 전

혀 사용되지 않습니다. 또한 조리 중 교차 오염을 피하기 위해 분리된 구역에서 준비하도록 하겠습니다.

B : 이렇게 진지하게 대응해주셔서 정말 감사합니다. 그럼 그릴드 치킨으로 주문하겠습니다.

A : 천만에요. 손님의 안전과 즐거운 식사를 위해 최선을 다하고 있습니다. 다른 도움이 필요하신가요?

B : 네, 사실 있습니다. 유제품이 들어가지 않은 디저트 옵션이 있 나요?

A : 네, 있습니다. 비건 초콜릿 무스와 과일 소르베가 있는데, 둘 다 유제품이 들어가지 않았습니다.

B : 과일 소르베가 좋겠네요. 디저트는 그걸로 주문하겠습니다.

A : 좋은 선택이십니다. 바로 주문을 넣도록 하겠습니다. 다른 필 요한 것이 있다면 언제든 말씀해주세요.

B : 도와주시고 이해해주셔서 감사합니다.

영어	한국어
allergy	알레르기
allergen	알레르기 유발 물질
intolerance	불내증
lactose intolerant	유당불내증
vegan	비건
vegetarian	채식주의자
gluten-free	글루텐 프리/글루텐이 함유되지 않은
dairy-free	유제품이 들어가지 않은
cross-contamination	교차 오염
low-sodium	저염
low-carb	저탄수화물
EpiPen	에피펜 (알레르기 응급 주사)
shellfish	갑각류
substitute	대체하다
option	선택 사항
prepare	준비하다
avoid	피하다
confirm	확인하다
separate	분리된
utensils	조리기구

ABC

쇼핑하기 1 :
가격 흥정의 기술

기본 표현

- "이것은 얼마인가요?"

  "How much is this?"

- "할인 가능한가요?"

  "Is there a discount available?"

- "이걸로 하겠습니다."

  "I'll take this one."

- "환불/교환 가능한가요?"

  "Can I get a refund/exchange?"

- "세일 중인 상품이 있나요?"

"Do you have any items on sale?"

- "이 제품에 대해 더 알려주실 수 있나요?"

"Can you tell me more about this product?"

흥정하기

가격 문의

- "더 싸게 해주실 수 없나요?"

"Can you give me a better price?"

- "현금으로 하면 할인 되나요?"

"Is there a discount for cash payment?"

- "대량 구매 시 할인이 있나요?"

"Do you offer a bulk discount?"

- "학생 할인이 있나요?"

"Do you offer a student discount?"

- "세금이 포함된 가격인가요?"

"Is tax included in this price?"

흥정 전략

- "다른 곳에서 더 싸게 팔던데요."

"I saw it cheaper elsewhere."

- "최저 가격이 얼마인가요?"

  "What's your best price?"

- "조금만 더 깎아주시면 당장 살게요."

  "If you can lower the price a bit more, I'll buy it right now."

- "친구에게 추천하고 싶은데, 좋은 가격으로 해주시면 좋겠어요."

  "I'd like to recommend this to my friends. It would be great if you could give me a good price."

- "이 정도 가격에 구매하면, 추가 서비스는 없나요?"

  "At this price, are there any additional services included?"

상품 구매

- "이것을 입어볼 수 있을까요?"

  "Can I try this on?"

- "이 제품 다른 색상도 있나요?"

  "Do you have this in other colors?"

- "품질 보증서가 있나요?"

  "Is there a warranty?"

- "이 제품의 사용 방법을 알려주실 수 있나요?"

  "Could you show me how to use this product?"

- "이 상품의 원산지가 어디인가요?"

  "Where is this product made?"

- "이 제품 유통기한이 언제까지인가요?"

  "What's the expiration date on this?"

- "이 제품에 대한 리뷰를 어디서 볼 수 있나요?"

  "Where can I find reviews for this product?"

결제하기

- "카드로 결제할 수 있나요?"

  "Can I pay by card?"

- "현금만 받나요?"

  "Do you only accept cash?"

- "영수증 주세요."

  "Can I have a receipt, please?"

- "분할 결제 가능한가요?"

  "Is it possible to pay in installments?"

- "모바일 결제도 가능한가요?"

  "Do you accept mobile payments?"

- "외화로 결제 가능한가요?"

  "Can I pay in foreign currency?"

실전 영어회화

화장품 구매 및 흥정 상황

Customer : Excuse me, I'm interested in this face cream. Can you tell me more about its ingredients?

Salesperson : Of course! This cream contains hyaluronic acid for hydration, vitamin C for brightening, and niacinamide for pore care. It's suitable for all skin types.

Customer : Sounds good. Is it fragrance-free?

Salesperson : Yes, it's fragrance-free and hypoallergenic, making it great for sensitive skin.

Customer : Perfect. How much is it?

Salesperson : It's priced at $50 for a 50ml jar.

Customer : That's a bit expensive. Do you have any discounts or promotions?

Salesperson : We're currently offering a 10% discount on all skincare products. Also, if you buy two items, you get a free travel-sized product.

Customer : Interesting. If I buy two jars, can you give me a better discount?

Salesperson : Let me see··· For two jars, I can offer you a 15% discount instead of 10%, plus the free travel-sized product. How does that sound?

Customer : That's better, but still a bit high. Is there any way you could make it 20% off?

Salesperson : I'm sorry, 15% is the best I can do. But I can throw in an additional sample of our bestselling serum. It's valued at $15.

Customer : Alright, you've got a deal. I'll take two jars with the 15% discount and the freebies.

Salesperson : Excellent choice! I'm sure you'll love the product. Would you like me to ring that up for you now?

Customer : Yes, please. And could you gift wrap one of the jars? It's a present for my friend.

Salesperson : Certainly! I'd be happy to gift wrap it for you at no extra charge.

고객 : 이 페이스 크림에 관심이 있는데요. 성분에 대해 조금 더
       자세히 알려주실 수 있나요?

판매원 : 물론이죠! 이 크림에는 수분 공급을 위한 히알루론산, 미
        백 효과를 위한 비타민C, 모공 관리를 위한 나이아신아
        마이드 성분이 들어 있어요. 이 제품은 모든 피부 타입에
        적합합니다.

고객 : 좋네요. 무향인가요?

판매원 : 네, 무향이고 저자극성이라 민감한 피부에도 좋아요.

고객 : 완벽하네요. 가격이 얼마인가요?

판매원 : 50ml 용기에 50달러입니다.

고객 : 좀 비싸네요. 할인이나 프로모션 있나요?

판매원 : 현재 모든 스킨케어 제품에 10% 할인을 적용하고 있어
        요. 또, 2개를 구매하시면 여행용 사이즈 제품을 무료로
        드립니다.

고객 : 흥미롭네요. 2개 사면 더 많이 할인해주실 수 있나요?

판매원 : 잠시만요… 2개 구매하시면 10% 대신 15% 할인해드리
        고, 여행용 사이즈 제품도 드릴 수 있어요. 어떠세요?

고객 : 그래도 좀 비싸네요. 20% 할인은 안 되나요?

판매원 : 죄송하지만 15%가 최선입니다. 하지만 저희 베스트셀러

세럼 샘플을 추가로 드릴 수 있어요. 15달러 상당의 제품이에요.

고객 : 좋아요, 그렇게 하죠. 15% 할인과 사은품 포함해서 2개 살게요.

판매원 : 좋은 선택이세요! 제품이 마음에 드실 거예요.

지금 계산해드릴까요?

고객 : 네, 그렇게 해주세요. 그리고 하나는 선물 포장 해주실 수 있나요? 친구 선물이라서요.

판매원 : 물론이죠! 선물 포장은 무료로 해드리겠습니다.

영어	한국어
price negotiation	가격 흥정
discount	할인
tax	세금
installments	할부
expiration date	유통기한
bargain	에누리
lower the price	깎다
final price	마지막 가격
quality	품질
warranty	보증서
card payment	카드 결제
receipt	영수증
free shipping	무료 배송
sale	세일
cash payment	현금 결제
lowest price	최저가
ring that up for you?	결제를 도와드릴까요?
price comparison	가격 비교
bulk purchase	대량 구매

ABC

쇼핑하기 2 :
교환, 환불 요청하기

기본 표현

- "이 물건을 반품하고 싶습니다."

  "I'd like to return this item."

- "이것을 다른 사이즈/색상으로 교환할 수 있나요?"

  "Can I exchange this for a different size/color?"

- "환불이 가능한가요?"

  "Is it possible to get a refund?"

- "이 제품에 문제가 있습니다."

  "There's a problem with this product."

- "이 제품의 보증 기간을 확인해주실 수 있나요?"

"Can you check the warranty on this?"

주요 상황별 표현

교환 요청

• "이것을 XL 사이즈로 교환해주실 수 있나요?"

"Can you exchange it for an extra large size?"

• "이것을 다른 색상으로 교환해주실 수 있나요?"

"Can you exchange it for another color?"

• "이것을 새 것으로 교환해주실 수 있나요?"

"Can you exchange it for a new one?"

환불 요청

• "이 선풍기를 반품하고 싶어요. 너무 커서 둘 곳이 없어요."

"I'd like to return this fan. It's too big, so I don't have anywhere to put it."

• "어떤 이유로든 완전히 만족하지 않으시면, 구매 후 30일 이내에 반품하실 수 있습니다."

"For any reason you are not fully satisfied, you can return any purchases within 30 days of receipt."

- "제품이 광고된 대로 작동하지 않습니다."

  "The product doesn't work as advertised."

- "이 상품 구매에 관해 마음이 바뀌었습니다."

  "I've changed my mind about this purchase."

- "이것은 제게 잘 어울리지 않아요."

  "It doesn't really suit me."

QR코드 인식으로
mp3 파일 듣기!

실전 영어회화

교환 요청하기

Customer : Excuse me, I bought this shirt yesterday, but I'd like to exchange it for a different size.

Staff : Of course, may I ask what's wrong with the current size?

Customer : It's a bit too small. I was wondering if you have it in a large?

Staff : Let me check our inventory. Yes, we do have it in large. Would you like to try it on first?

Customer : Yes, please. That would be great.

Staff : Here you go. The fitting rooms are just over there.
Let me know if you need any assistance.

Customer : Thank you. (After trying it on) This fits much better.
I'd like to exchange it for this size, please.

Staff : Certainly. Do you have your receipt with you?

Customer : Yes, here it is.

Staff : Perfect. I'll process the exchange for you right away.
Is there anything else you need help with today?

Customer : No, that's all. Thank you for your help.

Staff : You're welcome. Enjoy your new shirt!

고객 : 실례합니다. 어제 이 셔츠를 샀는데, 다른 사이즈로 교환하
고 싶어요.

직원 : 물론이죠. 현재 사이즈에 무슨 문제가 있나요?

고객 : 좀 작아서요. 혹시 라지 사이즈가 있나요?

직원 : 재고를 확인해보겠습니다. 네, 라지 사이즈가 있습니다.
먼저 입어보시겠어요?

고객 : 네, 그러면 좋겠어요.

직원 : 여기 있습니다. 피팅룸은 저쪽에 있어요.

　　　도움이 필요하시면 말씀해주세요.

고객 : 감사합니다. (입어 본 후) 이 사이즈가 훨씬 잘 맞네요.

　　　이 사이즈로 교환해주세요.

직원 : 알겠습니다. 영수증 가지고 계신가요?

고객 : 네, 여기 있어요.

직원 : 완벽합니다. 바로 교환 처리해드리겠습니다.

　　　다른 도움이 필요하신가요?

고객 : 아니요, 그게 다예요. 도와주셔서 감사합니다.

직원 : 천만에요. 새 셔츠 잘 입으세요!

영어	한국어
refund	환불
exchange	교환
warranty	품질 보증서
receipt	영수증
try on	입어보다
cash payment	현금 결제
best price	최저가
deal	거래
expensive	비싼
cheap	싼
size	사이즈
color	색상
quality	품질
payment	결제
purchase	구매
seller	판매자
customer	고객
specifications	사양
price match	가격 맞춤
extended warranty	연장 보증
return policy	반품 정책
mobile payment	모바일 결제
foreign currency	외화

ABC

길 묻기 1 :
관광지를 찾아갈 때

기본 표현

• "실례합니다, 길을 좀 물어봐도 될까요?"

 "Excuse me, could I ask for directions?"

• "[장소]로 가는 길을 알려주시겠어요?"

 "Could you tell me how to get to [place]?"

• "제가 지금 어디에 있는지 알려주실 수 있나요?"

 "Can you tell me where I am right now?"

• "가장 가까운 지하철역이 어디인가요?"

 "Where's the nearest subway station?"

• "이 주소로 가려면 어떻게 가야 하나요?"

"How do I get to this address?"

방향 묻기

• "직진하면 되나요?"

"Should I go straight ahead?"

• "다음 모퉁이에서 좌회전해야 하나요?"

"Do I turn left at the next corner?"

• "몇 블록 가야 하나요?"

"How many blocks should I go?"

• "신호등에서 우회전하면 되나요?"

"Should I turn right at the traffic light?"

• "저 잘못된 방향으로 가고 있는 것은 아닌가요?"

"Am I going in the wrong direction?"

거리와 시간 묻기

• "걸어서 얼마나 걸리나요?"

"How long does it take on foot?"

• "여기서 얼마나 멀어요?"

"How far is it from here?"

• "택시를 타면 얼마나 걸릴까요?"

"How long would it take by taxi?"

- "마지막 버스가 몇 시에 있나요?"

  "What time is the last bus?"

- "교통체증을 피하려면 언제 출발해야 할까요?"

  "When should I leave to avoid rush hour?"

대중교통 이용하기

- "이 버스 시내 중심가를 지나나요?"

  "Does this bus go through the city center?"

- "몇 번째 정거장에서 내려야 하나요?"

  "How many stops should I ride?"

- "이 노선도를 어떻게 읽는지 설명해주실 수 있나요?"

  "Could you explain how to read this transit map?"

- "환승은 어디서 해야 하나요?" - "Where do I need to transfer?"

- "티켓을 사려면 어디로 가야 하나요?"

  "Where can I buy a transit pass?"

실전 영어회화

QR코드 인식으로
mp3 파일 듣기!

관광지를 찾아갈 때

Tourist : Excuse me, could you help me?

Local : Sure, I'd be happy to help. Where would you like to
go?

Tourist : I'm trying to get to the National Museum.

Local : Okay, it's not too far. First, exit the station and turn
right. Walk two blocks until you reach Oak Street.

Tourist : Turn right and walk two blocks to Oak Street. Got
it.

Local : Then, turn left on Oak Street and walk for about 5
minutes. You'll see a large park on your right.

Tourist : Left on Oak Street, walk 5 minutes, park on the
right. Okay.

Local : The museum is right across from the park. You
can't miss it - it's a big white building with columns
in front.

Tourist : That's great. How long do you think it will take to
walk there?

Local : It should take about 15 minutes at a leisurely pace.

Tourist : Perfect. One last question - is there a café near
the museum where I could get lunch?

Local : Yes, there's a nice café just next to the museum
entrance. They have great sandwiches.

Tourist : Wonderful! Thank you so much for your help.

Local : You're welcome. Enjoy your visit to the museum!

관광객 : 실례합니다, 저 좀 도와주실 수 있나요?

현지인 : 물론이죠, 기꺼이 도와드리겠습니다. 어디에 가시나요?

관광객 : 국립 박물관에 가려고 해요.

현지인 : 알겠습니다. 그리 멀지 않아요. 먼저 역을 나와서 오른쪽
으로 도세요. 두 블록을 걸어가면 오크 스트리트가 나옵
니다.

관광객 : 오른쪽으로 돌아 두 블록을 걸어 오크 스트리트로 가는
거군요. 알겠습니다.

현지인 : 그다음 오크 스트리트에서 왼쪽으로 돌아 약 5분 정도

걸어가세요. 오른쪽에 큰 공원이 보일 거예요.

관광객 : 오크 스트리트에서 왼쪽, 5분 걸어가면 오른쪽에 공원이

요. 네.

현지인 : 박물관은 공원 맞은편에 있어요. 놓치기 힘들 거예요 –

기둥이 있는 큰 하얀 건물이에요.

관광객 : 좋네요. 걸어가는 데 얼마나 걸릴까요?

현지인 : 천천히 걸으면 약 15분 정도 걸릴 거예요.

관광객 : 완벽해요. 마지막으로 한 가지만 더 물어볼게요. – 박물

관 근처에 점심을 먹을 만한 카페가 있나요?

현지인 : 네, 박물관 입구 바로 옆에 좋은 카페가 있어요. 샌드위치

가 아주 맛있죠.

관광객 : 멋지네요! 정말 감사합니다.

현지인 : 천만에요. 즐거운 관람하세요!

영어	한국어
ask for directions	길 묻기
nearest	가장 가까운
on foot	걸어서
rush hour	교통체증
find, trying to find	찾다
help	도와주다
coming from	출발지
not too far	멀지 않다
exit (the station)	나가다 (역에서)
walk	걷다
reach	도착하다
across from	건너편
miss	놓치다
take (time)	걸리다 (시간이)
leisurely pace	천천히 걷는 속도
entrance	입구

ABC

길 묻기 2 :
길을 잃었을 때

기본 표현

• "길을 잃은 것 같아요."

"I think I'm lost."

• "도와주실 수 있나요? 제가 어디 있는지 모르겠어요."

"Can you help me? I'm not sure where I am."

• "저는 [장소]로 가는 길을 찾고 있어요."

"I'm trying to find my way to [place]."

• "잘못된 방향으로 돌아선 것 같아요."

"I seem to have taken a wrong turn."

• "올바른 방향을 알려주실 수 있나요?"

"Could you point me in the right direction?"

주요 상황별 표현

현재 위치 확인하기

• "지금 제가 정확히 어디에 있나요?"

"Where exactly am I right now?"

• "이 지도에서 우리가 어디 있는지 보여주실 수 있나요?"

"Can you show me where we are on this map?"

• "이 거리/지역의 이름이 뭔가요?"

"What's the name of this street/area?"

목적지까지 가는 방법 묻기

• "[장소]로 돌아가려면 어떻게 해야 하나요?"

"How can I get back to [place]?"

• "[장소]로 가는 가장 빠른 길은 무엇인가요?"

"What's the quickest way to [place]?"

• "제가 찾아야 할 특정한 건물이나 장소가 있나요?"

"Is there a landmark I should look out for?"

대중교통 이용하기

- "[장소]에 가려면 어떤 버스/기차를 타야 하나요?"

  "Which bus/train should I take to get to [place]?"

- "여기 버스가 얼마나 자주 다니나요?"

  "How often do the buses run here?"

안전 확인하기

- "이 지역을 걸어 다녀도 안전한가요?"

  "Is this area safe to walk around?"

- "피해야 할 지역이 있나요?"

  "Are there any areas I should avoid?"

- "밤에 이곳을 걸어 다녀도 안전한가요?"

  "Is it safe to walk here at night?"

실전 영어회화

길을 잃었을 때

Tourist : Excuse me, I think I'm lost. Can you help me?

Local : Of course. Where are you trying to go?

Tourist : I'm looking for the Central Museum. I thought it was nearby, but I can't seem to find it.

Local : Ah, I see. You're actually quite close. You just need to go two blocks north and then turn right. You can't miss it.

Tourist : Oh, thank you. But I'm a bit confused about directions. Which way is north from here?

Local : No problem. See that tall building with the clock? That's north. Head towards it, go two blocks, and then turn right.

Tourist : Got it. And about how long should it take to walk there?

Local : It's not far. Maybe about 10 minutes at a leisurely pace.

Tourist : That's perfect. One last thing - is there a landmark I should look out for near the museum?

Local : Yes, there's a large fountain right in front of the museum. When you see that, you'll know you're there.

Tourist : Thank you so much for your help. I really appreciate it.

Local : You're welcome. Enjoy your visit to the museum!

관광객 : 실례합니다. 제가 길을 잃은 것 같아요. 도와주실 수 있나요?

현지인 : 물론이죠. 어디로 가려고 하셨나요?

관광객 : 중앙 박물관을 찾고 있어요. 근처에 있다고 생각했는데, 찾을 수가 없네요.

현지인 : 아, 그렇군요. 사실 꽤 가까이 오셨어요. 북쪽으로 두 블록 가신 다음 오른쪽으로 돌면 돼요. 놓치실 수 없을 거예요.

관광객 : 오, 감사합니다. 하지만 방향이 조금 헷갈리네요. 여기서 북쪽이 어느 쪽인가요?

현지인 : 괜찮아요. 저기 시계가 있는 높은 건물 보이시나요? 그쪽
　　　　이 북쪽이에요. 그 방향으로 가서 두 블록 가신 다음 오
　　　　른쪽으로 도세요.

관광객 : 알겠어요. 그리고 걸어서 대략 얼마나 걸릴까요?

현지인 : 멀지 않아요. 천천히 걸어도 10분 정도면 될 거예요.

관광객 : 완벽하네요. 마지막으로 한 가지만 더 여쭤볼게요. 박물
　　　　관 근처에 제가 찾아야 할 특별한 건물이나 장소가 있을
　　　　까요?

현지인 : 네, 박물관 바로 앞에 큰 분수대가 있어요.

　　　　그게 보이면 도착하신 거예요.

관광객 : 정말 감사합니다. 큰 도움이 되었어요.

현지인 : 천만에요. 박물관 관람 즐겁게 하세요!

영어	한국어
directions	길 안내
turn left/right	좌회전/우회전하다
straight ahead	직진
corner	모퉁이
block	블록
traffic light	신호등
subway station	지하철역
bus stop	버스 정류장
transfer	환승
map	지도
address	주소
landmark	랜드마크
intersection	교차로
pedestrian crossing	횡단보도
roundabout	로터리
one-way street	일방통행
detour	우회로
shortcut	지름길
distance	거리
estimated time	예상 시간
public transportation	대중교통
transit pass	정기권
tourist information	관광 안내

ABC

병원 방문하기 :
응급상황

기본 표현

- "응급실이 어디인가요?"

  "Where is the emergency room?"

- "의사를 만나고 싶습니다."

  "I'd like to see a doctor."

- "예약을 하고 싶습니다."

  "I'd like to make an appointment."

- "통역사가 필요합니다."

  "I need an interpreter."

주요 상황별 표현

증상 설명하기

- "머리가 아파요."

  "I have a headache."

- "열이 나요."

  "I have a fever."

- "기침이 심해요."

  "I have a bad cough."

- "알레르기 반응이 있어요."

  "I'm having an allergic reaction."

- "복통이 있어요."

  "I have a stomachache."

- "어지러워요."

  "I feel dizzy."

- "가슴이 답답해요."

  "I have chest tightness."

의료 기록 및 정보 제공

- "저는 천식이 있어요."

  "I have asthma."

- "페니실린에 알레르기가 있어요."

"I'm allergic to penicillin."

- "임신 중이에요."

  "I'm pregnant."

- "현재 복용 중인 약이 있어요."

  "I'm currently taking medication."

- "최근에 수술을 받았어요."

  "I recently had surgery."

- "가족력으로 심장병이 있어요."

  "There's a history of heart disease in my family."

진료 과정

- "이 검사는 어떤 목적인가요?"

  "What is the purpose of this test?"

- "결과는 언제 나오나요?"

  "When will I get the results?"

- "부작용이 있나요?"

  "Are there any side effects?"

- "이 약은 어떻게 복용하나요?"

  "How should I take this medication?"

- "식이 제한이 있나요?"

  "Are there any dietary restrictions?"

• "후속 진료를 위해 언제 다시 와야 하나요?"

"When should I come back for a follow-up?"

응급 상황

• "구급차를 불러주세요!"

"Please call an ambulance!"

• "심장 발작인 것 같아요."

"I think I'm having a heart attack."

• "골절된 것 같아요."

"I think I've broken a bone."

• "심한 출혈이 있어요."

"There's severe bleeding."

• "알레르기 쇼크가 오는 것 같아요."

"I think I'm going into anaphylactic shock."

실전 영어회화

여행지에서 갑자기 아팠을 때

Tourist : Excuse me, I'm not feeling well. Is there a
pharmacy nearby?

Local : Yes, there's one just two blocks down this street. Are
you okay? Do you need any help?

Tourist : I have a terrible headache and feel a bit dizzy.
Could you tell me if there's a doctor or clinic
around here?

Local : There's a walk-in clinic about 10 minutes from here.
Would you like me to call a taxi for you?

Tourist : That would be very helpful, thank you. Can you
also tell me how to say "I have a headache" in
your language?

Local : Of course. In our language, you'd say "Me duele la
cabeza". Do you want me to write it down for you?

Tourist : Yes, please. That's very kind of you. One more
thing, is the tap water safe to drink here?

Local : Generally yes, but if you're not feeling well, it might

be better to stick to bottled water for now.

Tourist : I understand. Thank you so much for your help.

Local : You're welcome. I hope you feel better soon. Here's

the taxi, and I've told the driver to take you to the

clinic.

Tourist : Thank you again. You've been incredibly helpful.

관광객 : 실례합니다. 몸이 좋지 않아서 그런데. 근처에 약국이 있

나요?

현지인 : 네, 이 길을 따라서 두 블록만 가면 있어요. 괜찮으세요?

도움이 필요하신가요?

관광객 : 두통이 심하고 약간 어지러워요. 근처에 의사나 진료소

가 있는지 알려주실 수 있나요?

현지인 : 여기서 10분 정도 거리에 당일 진료소가 있어요. 택시를

불러드릴까요?

관광객 : 그러면 정말 도움이 될 것 같아요, 감사합니다. 혹시 "두

통이 있어요"라는 말을 이 나라 언어로 어떻게 하는지 알

려주실 수 있나요?

현지인 : 물론이죠. 우리 언어로는 "Me duele la cabeza"라고 해요. 적어드릴까요?

관광객 : 네, 부탁드립니다. 정말 친절하시네요. 한 가지 더 여쭤볼게요, 여기 수돗물을 마셔도 안전한가요?

현지인 : 일반적으로는 괜찮지만, 지금 몸이 안 좋으시다면 당분간 생수를 드시는 게 좋을 것 같아요.

관광객 : 알겠습니다. 도와주셔서 정말 감사합니다.

현지인 : 천만에요. 빨리 나으시길 바라요. 여기 택시가 왔어요. 운전기사님께 진료소로 모셔다 드리라고 말씀드렸어요.

관광객 : 다시 한번 감사드립니다. 정말 큰 도움이 되었어요.

영어	한국어
emergency room	응급실
appointment	예약
interpreter	통역사
asthma	천식
surgery	수술
dietary restriction	식이제한
symptoms	증상
allergic reaction	알레르기 반응
medication	약물
side effects	부작용
medical history	병력
prescription	처방전
diagnosis	진단
treatment	치료
follow-up	후속 진료
x-ray	엑스레이
blood test	혈액 검사
specialist	전문의
pharmacy	약국
ambulance	구급차
assistance	도움
fracture	골절
nausea	메스꺼움
migraine	편두통
co-pay	본인 부담금
medical certificate	진단서

ABC

물건을
도난당했을 때

기본 표현

- "제 물건을 도난당한 것 같아요."

  "I think my belongings have been stolen."

- "도와주실 수 있나요? 지갑/여권/전화기를 찾을 수 없어요."

  "Can you help me? I can't find my wallet/passport/phone."

- "도난 신고를 해야 합니다."

  "I need to report a theft."

- "가장 가까운 경찰서가 어디인가요?"

  "Where is the nearest police station?"

- "경찰서로 가는 길을 알려주실 수 있나요?"

"Could you show me how to get to the police station?"

주요 상황별 표현

도난 상황 설명하기

• "마지막으로 물건을 본 것은 언제인가요?"

  "When did you last see your belongings?"

• "도난당한 물건이 무엇인지 설명해주실 수 있나요?"

  "Can you describe what was stolen?"

• "(도난당하기 전) 마지막으로 어디서 가지고 있었는지 기억하시나요?"

  "Do you remember where you last had it?"

경찰 신고하기

• "경찰 신고서를 어떻게 작성하나요?"

  "How can I file a police report?"

• "어떤 정보를 제공해야 하나요?"

  "What information do I need to provide?"

• "경찰 신고서 사본을 받을 수 있을까요?"

  "Can I get a copy of the police report?"

긴급 조치 취하기

- "신용카드를 취소해야 해요. 어디서 전화할 수 있나요?"

  "I need to cancel my credit cards. Where can I make a phone call?"

- "대사관에 어떻게 연락할 수 있나요?"

  "How can I contact my embassy?"

- "근처에 분실물 센터가 있나요?"

  "Is there a lost and found office nearby?"

보험 관련 문의

- "제 여행자 보험이 도난 당한 것을 보상해주나요?"

  "Does my travel insurance cover theft?"

- "보험 청구를 위해 어떤 서류가 필요한가요?"

  "What documents do I need for an insurance claim?"

- "보험 회사에 연락하는 것을 도와주실 수 있나요?"

  "Can you help me contact my insurance company?"

QR코드 인식으로
mp3 파일 듣기!

실전 영어회화

도난 신고하기

Tourist : Excuse me, officer. I need to report a theft. My bag was stolen at the museum.

Police Officer : I'm sorry to hear that. Let's file a report. Can you tell me when and where exactly this happened?

Tourist : It was about an hour ago, near the main entrance of the National Museum.

P.O : I see. Can you describe the bag and its contents?

Tourist : It's a black backpack with a red stripe. It contained my wallet, passport, and camera.

P.O : Alright, I've noted that down. Do you have any other form of identification with you?

Tourist : Yes, I have a copy of my passport in my hotel room.

P.O : Good. We'll need that for the report. Did you notice anyone suspicious around you at the museum?

Tourist : Not really. I only noticed it was gone when I was leaving the museum.

P.O : Okay. I'll give you a copy of this report for your insurance claim. Here's also the number for your embassy, in case you need to report your stolen passport.

Tourist : Thank you for your help. What should I do next?

P.O : Contact your embassy as soon as possible to report your stolen passport. Also, call your bank to cancel any credit cards that were in your wallet.

Tourist : I understand. Thank you again for your assistance.

관광객 : 실례합니다, 경찰관님. 도난 신고를 하려고 합니다. 제 가방을 박물관에서 도난당했어요.

경찰관 : 안타깝네요. 신고서를 작성해보죠. 정확히 언제, 어디서 도난당했는지 말씀해주시겠어요?

관광객 : 약 한 시간 전쯤, 국립 박물관 정문 근처에서 도난당한 것 같습니다.

경찰관 : 알겠습니다. 가방과 그 안의 내용물을 설명해주실 수 있

나요?

관광객 : 빨간 줄무늬가 있는 검은색 배낭이에요. 지갑, 여권, 카메라가 들어 있었습니다.

경찰관 : 예, 기록했습니다. 다른 형태의 신분증을 가지고 계신가요?

관광객 : 네, 호텔 방에 여권 사본이 있어요.

경찰관 : 좋습니다. 신고서 작성에 (신분증이) 필요할 거예요. 박물관에서 수상한 사람을 보신 적 있나요?

관광객 : 아니요, 없었어요. 박물관을 나갈 때야 가방이 없어진 것을 알았어요.

경찰관 : 알겠습니다. 이 신고서 사본을 드릴 테니 보험 청구에 사용하세요. 여기 대사관 번호도 있습니다. 여권 도난 신고가 필요할 경우 연락하세요.

관광객 : 도와주셔서 감사합니다. 다음엔 어떻게 해야 하나요?

경찰관 : 가능한 한 빨리 대사관에 연락해서 여권 도난을 신고하세요. 그리고 은행에 전화해서 지갑 안에 있던 신용카드를 모두 취소하세요.

관광객 : 알겠습니다. 다시 한번 도와주셔서 감사합니다.

영어	한국어
theft	도난
stolen	도난당한
report	신고하다
belongings	소지품
file a police report	경찰 신고서를 작성하다
suspicious	수상한
identification	신분증
embassy	대사관
insurance claim	보험 청구
cancel	취소하다
cover	보상하다
lost and found office	분실물 센터
contact	연락하다

ABC

친구 사귀기 :
문화적 차이를 넘어선 우정 쌓기

기본 표현

- "안녕하세요, 처음 뵙겠습니다."

  "Hello, nice to meet you."

- "저는 [이름]입니다."

  "I'm [Name]."

- "어디 출신이세요?"

  "Where are you from?"

- "취미가 뭐예요?"

"What are your hobbies?"

- "함께 커피 한잔할래요?"

"Would you like to grab a coffee together?"

주요 상황별 표현

자기소개하기

• "저에 대해 말씀드리자면…"

  "Let me tell you a bit about myself…"

• "저는 [직업]이에요."

  "I work as a [occupation]."

• "[도시]에서 왔어요."

  "I'm from [city]."

• "[언어]를 배우고 있어요."

  "I'm learning [language]."

• "저는 [활동]을 즐겨요."

  "I enjoy [activity]."

관심사 공유하기

• "어떤 음악을 좋아하세요?"

  "What kind of music do you like?"

• "최근에 본 좋은 영화가 있나요?"

  "Have you seen any good movies lately?"

- "여행 다니는 것을 좋아하세요?"

  "Do you enjoy traveling?"

- "어떤 요리를 좋아하세요?"

  "What's your favorite type of cuisine?"

- "주말에는 보통 뭐 하세요?"

  "What do you usually do on weekends?"

문화적 차이 다루기

- "우리나라에서는 [관습]이 일반적이에요. 당신 나라는 어떤가요?"

  "In my country, it's common to [custom]. How is it in your country?"

- "이 표현의 의미를 이해하기 어려워요. 설명해주실 수 있나요?"

  "I'm having trouble understanding this expression. Could you explain it?"

- "실례가 되지 않는다면, [문화적 특징]에 관해 더 알고 싶어요."

  "If you don't mind, I'd like to know more about [cultural aspect]."

- "제가 실수로 무례한 행동을 했다면 알려주세요."

  "Please let me know if I accidentally do something impolite."

- "당신의 문화에 대해 더 배우고 싶어요."

  "I'd love to learn more about your culture."

친목 도모하기

- "이번 주말에 시간 있으세요?"

  "Are you free this weekend?"

- "[이벤트]에 함께 가는 것은 어떨까요?"

  "How about going to [event] together?"

- "저희 집에서 저녁 식사하시겠어요?"

  "Would you like to have dinner at my place?"

- "당신의 친구들도 소개해주세요."

  "I'd love to meet your friends too."

- "다음에 [활동] 같이 해요."

  "Let's [activity] together next time."

우정 유지하기

- "요즘 어떻게 지내세요?"

  "How have you been lately?"

- "곧 만나서 이야기 나눠요."

  "Let's catch up soon."

- "도움이 필요하면 언제든 연락하세요."

  "If you need any help, don't hesitate to reach out."

- "우리가 친구가 된 것이 정말 기뻐요."

  "I'm really glad we've become friends."

• "당신의 의견을 존중해요."

"I respect your opinion."

QR코드 인식으로
mp3 파일 듣기!

실전 영어회화

여행지에서 우연히 만난 사람과 친구가 되는 대화

A : Excuse me, is this seat taken?

B : No, it's free. Please, go ahead.

A : Thanks! It's quite busy here today.

B : Yeah, it is. I guess everyone had the same idea to visit the Eiffel Tower on such a beautiful day.

A : Absolutely! The view is breathtaking. Are you here on vacation too?

B : Yes, I am. I'm Sarah from Canada. How about you?

A : Nice to meet you, Sarah. I'm Jack from Australia. I just arrived in Paris yesterday. How long have you been here?

B : I've been here for three days now. Paris is such a beautiful city, isn't it?

A : It really is. Have you visited any other places besides the Eiffel Tower?

B : Yes, I've been to the Louvre and Notre-Dame. The art and architecture are amazing. How about you? Any plans?

A : I'm planning to visit the Louvre tomorrow. Any tips?

B : Oh, definitely get there early to avoid the crowds. And don't try to see everything in one day - it's huge!

A : Thanks for the advice. I'll keep that in mind. By the way, have you tried any good local restaurants?

B : Actually, I found this charming little café near my hotel. They have the most delicious croissants and coffee. Would you like the name?

A : That sounds great! Yes, please. I'm always up for good food recommendations.

B : It's called "Le Petit Parisien" on Rue Cler. It's a bit hidden, but worth finding.

A : I'll definitely check it out. Hey, since we're both traveling solo, would you like to grab dinner together sometime?

It'd be nice to share travel stories.

B : That sounds lovely! I'm free tonight if you are. Any cuisine preferences?

A : I'm open to anything, but when in France, French food seems like the way to go. Any suggestions?

B : There's a nice bistro I passed by yesterday. We could try that if you'd like.

A : Perfect! Shall we meet there around 7?

B : Sounds good to me. Here, let me give you my number in case you need to reach me.

A : Great, I'll text you so you have mine too. It was really nice meeting you, Sarah.

B : Likewise, Jack. Looking forward to dinner and more Paris adventures!

A : 실례합니다, 이 자리 사용 중인가요?

B : 아니요, 비어 있어요. 앉으세요.

A : 감사합니다! 오늘 여기 꽤 붐비네요.

B : 네, 그러네요. 이렇게 좋은 날 모두가 에펠탑을 방문할 생각을

한 것 같아요.

A : 맞아요! 전망이 정말 멋집니다. 당신도 휴가 차 오셨나요?

B : 네, 맞아요. 저는 캐나다에서 온 사라예요. 당신은요?

A : 만나서 반가워요, 사라. 저는 호주에서 온 잭이에요. 어제 파리
    에 도착했어요. 여기 온 지 얼마나 되셨어요?

B : 저는 3일 차예요. 파리는 정말 아름다운 도시죠, 그렇지 않
    나요?

A : 정말 그래요. 에펠탑 말고 다른 곳도 가보셨어요?

B : 네, 루브르 박물관과 노트르담 대성당에 다녀왔어요. 예술과
    건축이 정말 놀라워요. 당신은요? 어떤 계획이 있어요?

A : 내일 루브르 박물관에 갈 계획이에요. 조언해주실 것 있나요?

B : 오, 그렇다면 확실히 일찍 가서 인파를 피하세요. 그리고 박물
    관을 하루에 다 보려고 하지 마세요. 정말 엄청나게 커요!

A : 조언 감사합니다. 명심할게요. 그런데, 좋은 현지 레스토랑 가
    보신 적 있나요?

B : 사실, 제 호텔 근처에 매력적인 작은 카페를 발견했어요. 그곳
    의 크루아상과 커피가 정말 맛있어요. 이름을 알려드릴까요?

A : 좋네요! 네, 부탁드려요. 좋은 음식 추천은 언제나 환영이에요.

B : '르 쁘띠 파리지앵'이라고 해요. 뤼 클레르에 있어요. 좀 숨겨져

있지만, 찾아갈 만한 가치가 있어요.

A : 꼭 가봐야겠어요. 저희 둘 다 혼자 여행 중인데, 언젠가 같이
    저녁 먹는 것 어떨까요? 여행 이야기를 나누면 좋을 것 같아요.

B : 좋은 생각이에요! 저는 오늘 저녁에 시간 되는데, 당신은 어때
    요? 음식 선호도가 있나요?

A : 저는 뭐든 좋아요. 하지만 프랑스에 왔으니 프랑스 음식이 좋
    겠죠. 추천할 만한 곳 있나요?

B : 어제 지나가며 괜찮아 보이는 비스트로를 봤어요. 그곳에 가
    보는 것은 어떨까요?

A : 완벽해요! 7시쯤 거기서 만날까요?

B : 좋아요. 여기, 제 번호를 드릴게요. 연락해야 할 일이 있으면
    사용하세요.

A : 좋아요, 저도 문자 보내드릴게요. 만나서 정말 반가웠어요, 사라.

B : 저도요, 잭. 저녁 식사와 더 많은 파리 모험이 기대되네요!

영어	한국어
friendship	우정
cultural differences	문화적 차이
hobby	취미
common interests	공통 관심사
social gathering	친목 모임
language exchange	언어 교환
customs	관습
etiquette	예절
small talk	가벼운 대화
open-minded	열린 마음의
diversity	다양성
misunderstanding	오해
adapt	적응하다
bond	유대감
empathy	공감
respect	존중
curiosity	호기심
socialize	사교활동을 하다
network	인맥을 쌓다
cross-cultural	문화 간의

에필로그

　지금까지 어떻게 보셨나요? 제가 영어 교육을 다년간 해오면서, 한 가지 확실하게 깨달은 것이 있습니다.

　재미가 전부다.

　재미가 없으면 아무리 좋은 내용도 머리에 들어오지 않습니다. 그래서 저도 이 책을 조금 더 가볍고 유쾌하게 써보려고 노력했습니다. 가르치는 방식이 여러분의 취향에 맞지 않을 수도 있지만, 점점 월며들게 만들겠습니다.

　농담이고, 사실 영어는 자신이 그 필요성을 느끼고, 그것 때문에 고통스러울 때 가장 많이 느끼는 것 같습니다. 제 경험상, 영어를 정말 잘하게 된 분들은 대부분 영어가 꼭 필요하다고 느낀 순간부터 시작하더군요. 예를 들어, 해외에서 중요한 프레젠테이션을 해야 했거나, 외국인 친구와 깊은 대화를 나누고 싶었을 때, 혹은 해외에서 길을 잃고 도움을 청해야 했을 때처럼 말이죠.

저 역시도 처음에는 영어가 하나의 과목에 불과했습니다. 그러나 국제 뉴스를 다루는 기자로서, 영어가 생존의 문제로 다가왔을 때 비로소 영어 실력이 급격히 향상되었습니다. 영어는 저에게 단순한 언어를 넘어 세상을 이해하고, 세상과 소통하는 도구가 되었기 때문이었던 것 같습니다.

여러분의 어려움을 이해합니다

영어를 공부하면서 어려운 날이 많았을 것입니다. 매일매일 단어를 외우고, 문법을 공부하고, 발음을 연습하면서 느꼈던 좌절감과 피로감을 이해합니다. 저 역시 그랬으니까요. 하지만 여러분, 그 모든 과정이 결국에는 여러분을 더 강하게 만들 것입니다.

이 책이 조금이나마 여러분에게 웃음을 주고, 친한 형, 오빠, 동생이 말해주는 것처럼 편안한 조언이 되었으면 좋겠습니다. 영어 공부는 마치 마라톤과 같습니다. 천천히, 꾸준히, 그리고 즐기면서 하세요. 그러다 보면 어느새 여러분도 유창하게 영어로 대화하고 있는 자신을 발견하게 될 것입니다.

앞으로의 계획

2025년 새로운 한 해도 잘 보내시길 바랍니다. 저는 앞으로도 여러분과 함께 성장할 수 있는 다양한 방법을 고민하고 있겠습니다. 올해는 특히, 여러분 중 열 분을 선정해서 함께 여행을 할 예정입니다. 영어를 배우는 가장 좋은 방법 중 하나는 직접 경험하는 것이니까요. 여행을 통해 실전에서 영어를 사용하고, 새로운 문화를 경험하며, 잊지 못할 추억을 쌓을 수 있을 것입니다.

이 이벤트에 참여하고 싶다면 제 인스타그램(@william.music.travel)을 팔로우하고 스토리를 잘 살펴봐주세요. 비용은 제가 부담할 예정이니, 부담 갖지 말고 많이 신청해주세요! 여러분과 함께할 여행을 정말 기대하고 있습니다.

영어는 여러분의 삶을 더욱 풍요롭게 만들어 줄 것입니다. 영어를 통해 더 많은 기회를 잡고, 더 넓은 인간관계를 형성하며, 자기 자신을 더욱 성장시킬 수 있습니다. 배우는 과정에서 힘들고 지칠 때도 있겠지만, 그 과정이 여러분을 더 강하게 만들 것입니다.

여러분이 이 책을 통해 조금이라도 웃음을 찾고, 영어 공부에 대한 새로운 동기 부여를 얻으셨다면, 그것으로 저는 충분히 행복합니다. 앞으로도 여러분의 영어 학습 여정에 조금이라도 도움이 될 수 있기를 바랍니다.

여러분, 파이팅입니다! 함께 더 큰 세상을 향해 나아갑시다. 영어를 통해 여러분의 꿈과 목표를 이루시기를 진심으로 응원합니다. 감사합니다!

이월리엄

영어회화가 미치도록 간절한
왕초보를 위한 실전 여행 영어

제1판 1쇄 2025년 3월 7일

지은이   이윌리엄
펴낸이 · 한성주
펴낸곳   ㈜두드림미디어
책임편집 김가현, 배성분
디자인   얼앤똘비악(earl_tolbiac@naver.com)

㈜두드림미디어
등록   2015년 3월 25일(제2022-000009호)
주소   서울시 강서구 공항대로 219, 620호, 621호
전화   02)333-3577
팩스   02)6455-3477
이메일   dodreamedia@naver.com(원고 투고 및 출판 관련 문의)
카페   https://cafe.naver.com/dodreamedia

ISBN   979-11-94223-48-1 (03740)